AI와 교육 연극

인공지능총서

인공지능 시대입니다. 기계가 인간의 인지를 대신하고, 사물이 인간을 통하지 않고 다른 사물과 직접 커뮤니케이션합니다. 이에 따른 인간 삶과 문명 변화를 정확히 이해·예측·대응하는 것은 이 시대 우리 모두의 과제입니다. 인공지능총서는 인공지능 기술과 환경의 여러 주제를 10가지 키워드로 정리합니다. 관련 개념과 이론, 학계와 산업계의 쟁점, 우리 일상의 변화를 다룹니다. 인간과 기술의 현재, 미래를 세심히 분석합니다.

일러두기

- 인명, 작품명, 저서명, 개념어 등은 한글과 함께 괄호 안에 해당 국가의 원어를 병기했습니다.
- 외래어 표기는 현행 어문규정의 외래어표기법을 따랐습니다. 다만 '메탁시스', '버바텀 연극' 등은 관행을 따랐습니다.

처음이세요?

전문가세요?

AI와 교육 연극

한귀은

대한민국, 서울, 커뮤니케이션북스, 2025

AI와 교육 연극

지은이 한귀은
펴낸이 박영률

초판 1쇄 펴낸날 2025년 6월 2일

커뮤니케이션북스(주)
출판 등록 2007년 8월 17일 제313-2007-000166호
02880 서울시 성북구 성북로 5-11
전화(02) 7474 001, 팩스(02) 736 5047
commbooks@commbooks.com
www.commbooks.com

ISBN 979-11-430-0248-8 03500

책값은 뒤표지에 표시되어 있습니다.

차례

알고리즘, 그 너머의 교육 연극

맞춤형 교육 시대가 온다. 개인별 학습 데이터를 바탕으로 학생은 최적화된 커리큘럼을 제공받는다. AI는 실시간으로 학습 경로를 추적하고 조정한다. 감정 분석 시스템은 학생의 집중도를 측정해 피로도가 올라가면 자동으로 휴식을 권장한다. AI는 오류 없이 객관적으로 평가를 해 준다. 나아가 그 평가마저도 자체 평가하여 알고리즘을 더 정교화한다. 교육 과정은 이 평가 데이터에 따라 다시 조정된다. 그리고 이것은 가장 비극적인 디스토피아처럼 보인다.

최적화된 교육 디스토피아

최첨단 스마트 교육 센터는 어떤 모습일까—학생이 개인별 맞춤형 AI 학습 시스템에 접속한다. 책상마다 AI 기반 인터랙티브 스크린이 설치돼 있다. 종이 교과서, 화이트보드 같은 것은 없다. 강단도 물론 없다. 학생들 사이에 두 명의 성인이 서 있다. 인간 교사와 AI 튜터다.

수학 수업 시간, AI 튜터가 말한다. “학생 A의 학습 데이터를 분석한 결과, 확률과 통계 단원을 학습하는 것이 최적의 학습 경로입니다." 학생 A는 화면을 터치한다. 알고리즘이 제공하는 학습 콘텐츠가 즉각적으로 표시된다. 학생의 과거 오답 패턴에 따라 개별 맞춤형 문제가 제시된다. 신경망 학습 모델(Neural Network Learning System)이 학생의 학습 속도를 예측하고 난이도를 조절한다. 얼굴 감정 분석 AI(Affective Computing)가 학생의 집중도를 감지하여 피로도가 올라가면 쉬는 시간을 권장한다. 학생 A의 학습 대시 보드에 평균 문제 해결 속도, 정확도, 감정 상태가 뜬다.

교사는 직접 수업하지 않는다. 대신 AI 시스템의 데이터를 모니터링하며 학생들의 학습 상태를 조정한다. 학습 로그를 확인하고 학생의 인지 부하(cognitive load)를 관리한다. AI가 제공하는 데이터를 기반으로 개별 상담을 진행하기도 한다. 교사는 학생에게 비판적 사고를 유도하는 질문을 던지지만, 기본적인 개념 설명은 AI가 담당한다. 간혹 교사가 개입하려 하면 AI 시스템이 권고하기도 한다. "이 학생은 현재 95%의 확률로 다음 문제를 스스로 해결할 수 있습니다. 추가 개입이 필요하지 않습니다." 교사는 망설인다.

토론 수업 시간, 생성형 AI 기반의 챗봇 토론 시스템이 학생의 논리를 분석하고 피드백을 제공한다. AI는 학생 B의 주장에서 논리적 오류를 감지하고 반론을 제시한다. AI 토론 시스템에서 음성이 나온다. "학생 B의 논거는 귀납적 오류를 포함하고 있습니다. 보다 정교한 논리 구조를 제안합니다." AI는 논리적 결함을 실시간으로 수정한다. 학생 B의 단어 사용 패턴을 분석하여 설득력 점수도 제공한다. 학생 B의 토론 성과 분석이 대시 보드에 뜬다.

학생 B는 토론에서 승리하기 위해 AI가 추천하는 최적의 답변을 사용한다. 그는 자신의 논리를 구축하는 것이 아니라 알고리즘적으로 유리한 답변을 반복한다. AI는 지속적으로 가장 효과적인 논리 패턴을 제시한다. AI 시스템에서 "이제 당신의 주장을 강화할 수 있는 추가 논거를 제시하세요"라는 음성이 들린다. 학생 B는 AI에게 되묻는다. "AI가 추천하는 최적의 답변이 뭐지?" 답은 곧바로 출력된다.

특별 교과로 지정된 감성 지능 강화 시간, 학생 C는 감정 분석 AI가 작동하는 교실에 앉아 있다. 표정 인식 기술이 학생의 몰입도를 측정한다. AI는 학생의 얼굴 근육을 분석하여 학습 태도를 평가한다. 학생 C의 감정 분석 결과가 대시 보드에 적힌다. 학생 C는 평가를 의식해 감정을 통제하려 한다. 그는 의도적으로 AI가 감지할 수 있는 적절한 집중의 포즈를 유지한다.

학생의 모든 활동과 태도는 평가 시스템에 탑재된다. 인공지능은 방대한 학습 이력을 바탕으로 정량적 데이터와 정교한 알고리즘을 활용해 학생의 성취도를 분석한다. 데이터는 실시간으로 학부모에게 전송된다. 학부모는 교사의 주관적 평가보다 빅데이터 기반의 평가를 더욱 신뢰한다. 교육은 점점 데이터가 증명하는 세계로 진입한다.

이 과정에서 '객관성'은 절대적인 신뢰의 지위를 얻는다. 기업과 정부는 이를 '혁신'이라 부른다. 완벽한 맞춤형 교육과 객관적 평가를 실현한다는 명목 아래, 각종 디바이스와 애플리케이션이 개발되고 시장에 출시된다. 학교에서 수집된 데이터는 다시 기업으로 환수되어, 더욱 정교한 알고리즘을 적용한 업그레이드된 제품으로 재출시된다. 학교는 공정하고 신뢰도 높은 교육을 명분으로 시스템을 지속적으로 교체하고, 교사와 학생은 새로운 시스템에 적응하기 위해 끊임없이 훈련을 받는다.

교육은 점점 더 글로벌 IT 기업의 사업 모델로 전환된다. 정부는 이를 공식적으로 승인하고, 학부모는 공교육이 제공하지 못하는 정밀한 데이터를 사교육 시장에서 추가적으로 구매한다. 교육은 기업의 이익 구조 속으로 귀속되고 시장화는 더욱 맹렬해진다.

IT 기업은 교육을 혁신하지 않는다. 기업이 혁신하는 것은 교육이 아니라 교육을 소비하는 방식이다. 학부모는 더 정확한 평가를 원하지만, 그들이 받게 되는 것은 더 많은 소비를 유도하는 평가 시스템일 뿐이다. 정부는 AI와의 협업이 교사의 부담을 줄일 것이라 말하지만, 현실에서는 교사들이 AI가 내린 결과를 검토하고, 학부모의 신뢰를 얻기 위해 추가적인 근거를 제시해야 하며, 궁극적으로는 데이터 관리자 역할을 수행하느라 업무가 갈수록 증폭된다.

교육 혁신의 패러독스

설마 이런 디스토피아가 실현되지는 않을 거라 믿고 싶지만, 이미 교육은 '더 객관적이고 더 정확한 평가'라는 기조로 교사와 학생, 학부모 간의 신뢰를 잠식하고 있다. 교사 역시 평가의 대상이 되고, 그 결과는 성과급과 연계된다. 객관성과 신뢰도를 강조할수록 교육 주체 간의 믿음은 더욱 희박해진다.

교사는 점점 더 정량화된 평가의 강박 속에서 학생을 가르치며, 학생은 그 지표 안에서 자신의 가치를 증명해야 하는 피평가자가 된다. 교육을 위한 평가가 아니라 평가를 위한 교육이 이어진다. 교육보다 평가가 우선시되는 이 전도된 현상은 교육계에 더 정확하고 객관적인 AI를 앞다퉈 도입하게 만들 것이다.

이 시스템에서 교사의 주관적 판단이나 경험적 해석이 개입할 여지는 점차 좁혀진다. AI가 학습 데이터를 분석하여 학생의 성취도를 정확하게 계산해 내고, 태도 분석 알고리즘을 통해 학습 태도를 수치화하며 그 또한 차등 점수로 환산해 내기 때문이다. 물론 교사가 사라지지는 않을 것이다. AI 시스템이 내놓은 교육 과정이나 평가 결과를 검수하는 누군가는 있어야 하기 때문이다.

더 나아가 미래 지향적 교육은 학생 개개인의 사고 패턴을 예측하고 앞으로의 가능성까지 계산할 것이다. AI는 이제 학생이 '얼마나 잘 배웠는가'를 평가하는 것에서 '어떤 인간이 될 것인가'를 예측하는 영역으로 확장된다. 학생은 미래의 가능성까지 예측당하는 존재가 된다. 교육은 AI가 예측한 범위 안에서 최적화된 인간을 생산하는 과정이 되는 것이다. AI가 축적한 방대한 데이터를 통해 제시한 결과로 학생의 미래를 측정할 때, 교육은 데이터 서버 안에서 형성되는 알고리즘 자체가 돼 버린다.

'AI와의 협업을 통한 교육 혁신'이라는 슬로건은 이전의 교육 방식으로 돌아가려는 저항을 불가능하게 할 것이다. 하나의 시스템이 도입되면 그 시스템이 구성원을 재구조화하기 때문이다. 이 협업은 AI가 주도하겠지만 '주도권'은 교사에게 있을 것이다. 주도권은 교사에게 있다는 명시된 전제가 AI에 대한 의존도를 더 높일 것이다. 교사가 주도한다는 공식적 담론은 AI를 더 다양한 방식으로 교육 속으로 끌어오게 하는 알리바이가 되기 때문이다.

AI와 테일러리즘이 만났을 때

현대 교육은 여전히 근대 교육의 연장선에 있다. 근대 교육은 '계몽'과 '진보'라는 이상 위에 설계되었다. 국민 국가의 형성과 함께 등장한 공교육 시스템은 개인을 교양 있는 시민으로 양성하고 산업화된 사회에서 기능할 수 있도록 준비시키며, 민주적 가치를 학습시키는 것을 목표로 삼았다. 그리고 이러한 교육은 이데올로기적 국가 장치로 기능했다.

푸코(Michel Foucault)는 근대적 교육 시스템이 감옥, 군대, 병원과 같은 규율 사회(disciplinary society)의 일부라고 분석했다. 그에 따르면 근대 사회는 신체를 길들이고 개인을 측정하며, 규범에 따라 표준화된 인간을 생산한다. 학교는 이러한 규율 권력이 작동하는 대표적인 공간이다. 학교는 개인을 측정하고 분류하며 궁극적으로는 '훈육된 몸(disciplined body)'을 길러 낸다. 학생은 스스로 자기 행동을 조정하며, 자기 감시와 자발적 순응을 내면화한다. 학생은 권력이 가하는 외부의 압박뿐만 아니라 자신의 성적을 관리하고 타인의 시선을 의식하며 사회적으로 인정받기 위해 노력하는 과정에서 자발적으로 순응하게 되는 것이다. 이러한 메커니즘은 처벌이나 감시보다 훨씬 효과적으로 작동하며, 주체가 권력의 작동 방식에 저항하기 어렵게 만든다.

현대의 교육 평가가 20세기 초반 테일러(F. W. Taylor)의 '과학적 관리법'에서 비롯되었다는 것도 주목할 지점이다. 테일러는 산업 현장에서 노동자의 생산성을 극대화하기 위해 업무를 표준화하고 효율성을 측정하며, 작업 과정을 정밀하게 분석해야 한다고 주장했다.

이 접근법은 현대 교육 평가에도 그대로 적용되었다. 학생은 정해진 교육 과정을 따라가야 하고, 학습의 성과는 측정 가능한 방식으로 수치화되어야 하며, 시험 성적은 객관적으로 비교될 수 있어야 한다. 이것이 교육 평가의 '과학적 관리' 방식이다. 결과적으로 학생은 평가 기준을 통과해야 하는 일종의 생산 단위가 되며, 교육의 목표는 창의성과 사고의 확장이 아니라 정해진 기준을 얼마나 정확하게 충족하느냐에 맞춰진다.

이러한 평가 방식은 학생부 종합 전형과 같은 입시 제도에서도 반복된다. 이 제도는 학생의 다양성을 평가하기 위해 시작되었지만, 실제로는 학생의 경험조차 수치화되어 위계를 형성하는 방식으로 운영된다. 봉사 활동, 동아리 활동 등도 수치화되어 경쟁의 도구로 사용된다. 창의성, 협업 능력, 비판적 사고 또한 정량화가 가능한 것으로 전제하고 있는 것이다.

이 테일러리즘은 기술 발전과 결합하면서 하이퍼테일러리즘(Hyper-Taylorism)이 될 가능성이 높다. 인공지능이 도입된 교육 시스템에서는 학생의 학습 패턴과 성취도가 더욱 정밀하게 측정될 것이다. 이것은 학생이 평가 지표 이외의 것을 공부할 여유를 낼 수 없으며, 평가 항목 바깥에서 이루어지는 학습은 그만큼 기회비용이나 매몰비용으로 치부될 가능성이 높아진다는 뜻이다.

학생은 많은 것을 알게 되겠지만 사유하지 않을 수 있다. 최적의 논리를 사용하겠지만 논리를 구성하지 않을 수 있다. 토론이 강화될수록 덜 생각하고, 논리가 정밀해질수록 AI가 제공하는 최적의 답변을 반복할 것이다. 감정이 분석될수록 감정을 표현하는 것이 아니라 감정을 연기할 것이다. 감성지수 점수는 높지만 감성을 경험하지 않을 수 있다. 최첨단 스마트 교육센터의 촘촘한 평가 센서가 데이터화하지 못하는 것들은 무시되고 간과될 위험에 처하는 것이다. 이것은 더 공정한 평가가 아니라 더 강력한 통제다. 그리고 이 평가 시스템이 더 정교해질수록 교육은 본래의 기능을 상실하게 된다.

근대가 감시와 규율을 통해 인간을 길들이는 규율 사회였다면, 데이터 분석과 알고리즘 예측을 통해 인간을 최적화하는 하이퍼테일러리즘은 통제 사회(control society)에 해당된다. 들뢰즈(Gilles Deleuze)는 통제 사회에서 권력이 유동적이고 분산된 방식으로 작용한다고 말한다. 개인은 감옥, 학교, 공장 등의 공간에서만 통제받는 것이 아니라 사회 전체에 걸쳐 끊임없이 감시되고 평가된다. 학습 관리 시스템(LMS), 신용 점수, 건강 앱과 웨어러블 기기, 원격 근무 시스템, 스마트폰 GPS 추적, AI 기반 맞춤형 광고 등은 모두 개인을 데이터화하고 분석 · 평가 · 판단한다. 국가가 직접 개인을 통제하는 대신 기업과 금융 시스템이 통제의 주체가 된다. 이 시스템은 개인이 스스로를 감시하고 관리하도록 유도한다. 스마트워치를 착용하고 하루의 걸음 수를 체크하며, 집중력 향상을 위해 AI 기반 학습 도구를 사용하고, 더 나은 신용 등급을 위해 금융 데이터를 관리한다. 규율 사회에서는 교육이 끝나면 학교를 떠나고, 노동 시간이 끝나면

퇴근하는 '종료(exit)'가 있었지만 통제 사회에서는 학습, 노동, 소비가 끊임없이 이어진다. 끝없이 이어지는 SNS 피드는 개인의 주의를 붙잡아 두고, 알고리즘은 멈추지 않는 소비와 자기 계발을 강제한다.

문제는 이 통제가 '자유'라는 형식을 띠고 있다는 점이다. 개인은 통제받고 있다는 사실을 인식하지 못한 채, 오히려 더 자유롭다고 느낀다. 노동자는 원격 근무 시스템을 통해 사무실에 갇히지 않는 자유를 누린다고 생각하지만, 사실상 언제 어디서든 일해야 하는 '유동적 노동'의 상태에 놓인 것이다. 학생은 온라인 학습을 통해 시간과 장소의 제약 없이 배울 수 있다고 믿지만, 그 과정에서 학습 성취도는 실시간으로 평가되며 성과가 수치화된 데이터로 남아 경쟁 압박은 더욱 심화된다. 하이퍼테일러리즘은 인간을 자본주의적 시스템에 최적화된 주체로 길들이는 것이다.

완벽에 저항하는 교육 연극

하이퍼테일러리즘에 교육 연극은 균열을 낸다. 교육 연극은 예측할 수 없는 것, 측정할 수 없는 것, 평가할 수 없는 것, 완벽하게 이해할 수 없는 것을 수행하는 장이 된다. 이를 통해 학생은 완결되지 않는 사고 과정 속에서 끝없이 타자와 사유하는 법을 배우게 된다.

교육 연극에 대한 논의는 응용 연극(Applied Theatre), 과정 연극(Process Drama)과 함께 이루어져 왔다. 이 세 가지 연극 형식은 서로 밀접하게 연결돼 있고 방법이나 기법을 공유하지만, 수행되는 장소와 목적에는 다소 차이가 있다. 교육 연극은 학교 및 교육 기관에서 이뤄지는 반면, 응용 연극은 보다 넓은 사회적 맥락에서 특정한 공동체나 사회적 문제를 다룬다. 이 때문에 응용 연극을 상위 개념으로 두고, 교육 연극과 과정 연극을 그 하위 범주로 분류하기도 한다. 과정 연극은 즉흥성과 참여를 중시하는 열린 형식의 연극으로, 사전 대본 없이 진행되며 학습자가 극적 상황을 직접 구성하고 탐색하는 과정을 통해 경험을 내면화하도록 유도한다. 이 관점에서 과정 연극은 교육 연극의 한 범주로 포함될 수 있다.

이 세 연극 형식은 모두 교육과 성장을 위한 것이면서, 전통적 교육 체제가 전제하는 교육과 성장 개념을 해체한다. 기존의 제도적 교육이 명확한 시작과 끝을 설정하고 표준화된 성장 모델을 지향한다면, 이 세 연극은 학습을 고정된 결과가 아닌 끊임없이 생성되고 미완으로 남는 과정으로 본다. 기존 교육이 성장의 개념을 '개인의 발전'이라는 틀 안에 가두었다면, 이 연극들은 성장을 경험의 재구성, 의미의 창조, 공동체적 탐색으로 재개념화한다. 이 연극들은 기존 교육 체계의 보완적 도구가 아니라 교육과 성장의 개념 자체를 다시 정의하는 실천이 된다.

특히 응용 연극은 포스트드라마 연극(Post-Drama Theatre)과 그 개념 및 방법을 공유함으로써 교육 연극의 수행 방식에 전환을 가져왔다. 포스트드라마 연극이 '재현' 중심에서 벗어나 신체, 공간, 즉흥적 상호 작용을 강조하는 것처럼, 응용 연극 또한 극적 구조의 해체, 비선형적 서사, 다성적 담론의 형성을 촉진한다. 이는 연극적 경험이 참여자가 주체로서의 위치를 재구성하는 사건(event)으로 기능할 수 있도록 한다는 점에서, 교육 연극의 수행 양상과 탈중심적 의미 생산 구조를 뒷받침하는 데 기여했다.

더 나아가 교육 연극은 전통적인 교육 방식인 '지식 전달' 모델을 전복한다. 교육 연극에서 교육은 질문하고 경험하는 과정이다. 헤스커트(Dorothy Heathcote)는 교육 연극이 학습 내용을 연극적으로 표현하는 것이 아니라, 학생이 '교육적 상황'을 수행하는 과정 자체가 학습이라는 점을 강조한다. 그는 '역할 속 교사(TiR, Teacher-in-Role)'라는 개념을 통해 교사가 학생과 함께 연극적 수행 속에 있는 존재임을 강조한다. 교사는 지식을 제공하는 것이 아니라, 그 지식이 의미를 갖는 맥락 속에서 학생과 함께 질문하고 탐색하는 존재인 것이다. 지식이 강요되지 않을 때, 학생은 지식이 어떻게 형성되는지를 더 깊이 경험하게 된다. 이는 전통적 교육에서의 '자율적 학습'이 실질적으로는 교사의 지시를 따르게 하는 것과는 대조적이다. 교육 연극은 학생에게 자율적 사고를 가르치지 않는다. 자율적으로 사고할 수밖에 없는 구조를 만들어 낸다.

자유란 무제약의 방임 상태가 아니다. 자유는 의미 있는 선택이 가능하도록 하는 조건의 문제다. 교육 연극은 학생을 방치하지 않는다. 학생이 특정한 극적 맥락 속에서 사고하도록 유도한다. 전통적 교육이 주어진 지식을 반복적으로 학습하는 방식이라면, 교육 연극은 지식이 형성되는 과정 자체를 경험하도록 만든다. 교육 연극은 더 나은 학습 방식을 제공하지도 않는다. 교육이란 무엇인가, 인간은 어떻게 배우는가, 지식은 어떻게 만들어지는가 하는 근본적인 질문을 던지게 한다.

이는 '문제 해결 교육'과 다르다. 교육 연극은 오히려 학생에게 문제를 해결하지 못하는 경험을 부여한다. 그리고 이러한 경험은 하이퍼테일러리즘에서 제거되는 영역이다. AI는 학습 속도를 최적화하고 최적의 해결 경로를 제공하지만, 그 과정에서 불확실성 속에서 사고하는 경험은 삭제되기 때문이다. 교육 연극은 이 지점을 복원한다. 학생들에게 정답을 찾게 하는 것이 아니라 정답이 없을 수도 있다는 가능성을 수행하도록 만든다. 그 과정에서 사고란 예측 가능하지 않고 모순과 불완전함 속에서 이루어진다는 것이 경험된다.

현대의 교육 시스템은 학생에게 세상은 이해될 수 있다는 환상을 준다. 이 환상은 신자유주의의 구조적 불평등, 이데올로기적 충돌이 제거된 '중립적' 세계를 가정하게 만든다. 학생은 지식과 체제 안에서 논리적 사고를 습득하면서 세계가 구조적으로 균형 잡히고 해석 가능하다는 믿음을 내면화하게 된다. 그리고 이는 궁극적으로 기존 질서를 재생산하는 기능을 하며 학생이 체제 내에서 순응하는 주체로 길러지는 데 기여한다.

교육 연극은 이 환상을 깨뜨린다. 교육 연극은 현실의 모순과 불가해성을 드러내는 것이다. 교육 연극은 예측할 수 없는 것, 통제할 수 없는 것, 정량화할 수 없는 것을 수행하는 공간이다. 그것은 교육이 결코 하나의 객관적인 데이터로 환원될 수 없음을 증명한다. 이로써 교육 연극은 교수법이 아니라 교육 자체를 다시 정의하는 실천이 된다.

교육 연극의 연극성, 교육의 연극성

연극의 본질은 허구에 있지 않다. 연극이 허구라는 통념 자체가 환상일 수 있다. 연극을 환상이라고 규정해야 연극 밖을 '진짜 현실'이라고 할 수 있기 때문이다.

교육 연극은 진짜 현실이라고 믿고 있는 것이 허구임을 드러내는 균열의 공간이 된다. 교육 연극은 현실을 모방하는 것이 아니라 현실이라 불리는 질서의 구성 방식을 드러낸다. 그렇기에 교육 연극은 재현성이 아니라 수행성(performativity)과 변형성(transformation)을 지향한다.

수행성은 말과 행위를 표현한다는 뜻이 아니다. 말과 행위를 통해 새로운 효과와 의미가 발생한다는 뜻이다. 교육 연극에서 학습자는 특정한 역할을 수행하면서 동시에 그 역할에 의해 수행당하게 된다. 학습자는 '연기'하지 않는다. 역할 속에서 자신의 존재를 다시 경험하고 다시 산다. 이 '다시'의 순간은 어긋남과 과잉, 실패를 동반한다. 학습자는 그 역할을 완전히 소화하지 못하고 그 역할 속에서 자기 자신이 아니었음을 경험하게 된다.

교육 연극의 수행성은 바로 이 도약을 가능하게 한다. 학습자는 역할이라는 가상의 틀 속에서 현실보다 더 현실적인 진실 – '나는 누구인가'라는 질문의 불가능성과 그럼에도 불구하고 계속해서 그 질문을 반복할 수밖에 없는 구조—을 경험한다. 연극은 자아를 강화하지 않는다. 오히려 연극은 자아가 결코 하나가 아니었음을 드러내며 그 틈을 응시하게 만든다. 연극적 수행은 하나의 자아를 확립하는 것이 아니라 자아의 균열을 가시화하는 것이다.

이런 맥락에서 교육 연극이 지향하는 '변형성'은 '더 나은 인간'을 만든다는 성공 서사를 의미하지 않는다. 연극이 제공하는 변형은 자기 계발이나 도덕적 성숙의 과정이 아니라 기존의 윤리적 · 사회적 틀을 전복하고, 새로운 가능성을 사유할 수 있는 공간을 열어젖히는 일이다. 그리고 이 변형성은 '나'와 '타자', '공간'의 관계에도 영향을 미치며 결국 공동체의 변화에 기여하게 된다.

교육 연극은 필수가 아니다. 학생은 교육 연극적 상황에 무조건 순응하지도 않는다. 그들은 연극적 맥락을 내면화할 수도 있고 저항할 수도 있다. 교사 또한 학생의 수행에 영향을 받을 수밖에 없다. 교실은 지식이 전달되는 중립적 공간이 아니라 역할이 배정되고 수행되며, 때로는 뒤틀리는 무대다. 연극에서 배우가 관객의 반응 속에서만 존재하듯이 교사는 학생의 반응 속에서만 존재한다. 교사가 학생에게 의미를 부여하는 것이 아니라,

학생이 교사의 권위를 승인하거나 거부함으로써 그 의미가 결정된다.

교육 연극은 인공지능에 대해서도 러다이트식의 배제를 하지 않는다. 교육 연극은 기술과 인간 사이의 관계를 연극적 수행과 변형의 관점에서 재구성한다. 인공지능을 도구나 위협으로 바라보는 것이 아니라 그것이 인간 주체성과 상호 작용하는 방식을 드러내고, 인간이 인간성을 정의하는 방식 자체를 다시 질문하게 만든다.

이 책은 학교와 커뮤니티에서 만날 수 있는 교육 연극의 현장을 담으려 했다. 아직 도래하지 않은 미래일 수도 있고, 이미 지워진 과거의 잔여일 수도 있다. 교육 연극은 실제로 벌어진 사건이라기보다 벌어졌어야 했던 어떤 사건의 흔적, 또는 아직 발생하지 않았지만 반드시 발생해야만 할 어떤 사건의 징후다. 이 책이 그 징후와 흔적을 해석하는 데 도움이 되기를 바란다.

참고문헌

김병주(2012). "교육 연극의 확장". 《교육 연극학》, 1~13쪽.

황정현(1999). "드라마의 인지 과정 이해". 《문학교육학》, 313~333쪽.

Bolton, G.(1998). *Acting in Classroom Drama: A Critical Analysis.* Trentham Books. 김주연·오판진 옮김(2012). 《교실

연기란 무엇인가》. 연극과인간.

Deleuze, G.(1992). Postscript on the Societies of Control. *October, 59*, pp.3~7.

Foucault, M.(1975). *Surveiller et punir: Naissance de la prison.* Gallimard. 오생근 옮김(2020). 《감시와 처벌》. 나남.

Lehmann, H.-T.(1999). *Postdramatisches Theater.* Verlag der Autoren. 김기란 옮김(2013). 《포스트드라마 연극》. 현대미학사.

01
자아 전시와 자기 소멸

10대는 소셜 미디어라는 극장을 공유한다. 인스타그램에서는 삶을 연출하고 각색한다. 틱톡에서는 AI 알고리즘이 보장하는 최적의 퍼포먼스를 반복한다. 유튜브는 거대한 아카이브이자 끝없이 진화하는 생태계다. 여기엔 고전적인 강연부터 초현실적인 ASMR, 철학적 논의부터 무의미한 챌린지까지 뒤섞여 공존한다. 이들 극장에서 '좋아요'와 '조회 수'는 관객의 반응이자 공연을 수정하고 강화하는 포맷이 된다. 그러나 이 과잉된 무대 위에 연극성은 없다. 퍼포먼스는 반복되고 즉흥성은 알고리즘에 종속된다.

AI와 1인 창업?

소셜 미디어와 자아 최적화

자기(Self)를 있는 그대로 드러내는 사람은 없다. 드러나는 것은 자아(Ego)다. 자아는 자기와 동일하지 않다. '자아'는 타인의 시선을 통해 형성되는 이미지이며, 이는 사회적 기대와 언어적 구조 속에서 구축된다. 반면 '자기'는 완전히 통합되지 않은, 무의식적이고 분열된 상태다. 자기를 드러내지 않는 이유는 그것이 불가능할뿐더러 자기가 어떤 것인지 스스로도 모르기 때문이다.

자아를 연기하는 것과 자기를 탐색하는 것은 완전히 다른 과정이다. 자아의 연기는 사회적 맥락에서 '내가 나를 어떻게 연출해야 할까'의 문제다. 반면 자기 탐색은 무의식적 요소까지 포함하여 '나는 누구인가'라는 근본적인 질문을 던지는 과정이다.

소셜 미디어 시대, 자아는 끊임없이 업데이트되고 최적화된다. AI가 제안하는 이상적인 얼굴을 적용하고 추천된 취향을 따라가며 알고리즘적 정체성을 구축한다. 개성은 '좋아요' 개수로 측정되고, 존재는 '도달률'로 평가된다. '나'의 이상적 버전을 생성하고 이것을 브랜딩하는 것이 점점 더 당연시되고 있다.

흔히 10대를 자기애적(self-centered)이라 평가한다. 이 자기애의 이면은 자기 의심과 자기 소멸이다. 이 증상은 10대가 놓인 환경과 무관하지 않다. 10대에게는 '자신을 드러내라'는 명령과 '자신을 최적화하라'는 명령이 충돌한다. 이 이중 구속(double bind)에서 그들은 자신이 만든 이미지 뒤에 숨으면서, 그 이미지가 타인에게 소비되기를 갈망한다. 여기서 발생하는 것이 자기 소외다. 자아를 전시하면 할수록 '나'라는 존재는 사라지고, 대신 타자가 소비하는 '나'만이 남게 되는 것이다.

10대는 모르지 않는다—스마트폰 안에서는 그 어떤 것도 경험되지 않는다는 것을. 끊임없이 화면을 스크롤하며 정보를 쌓아도 정작 그것이 자신을 채워 주지 못한다는 것을. 모든 것이 연결되어 있지만 누구와도 연결되지 않는다는 것을. 그러나 멈출 수 없다. 멈추는 순간, 공허가 시작되기 때문이다. 소셜 미디어는 결핍을 해소하는 것이 아니라 결핍을 지연하는 장치다. 스마트폰 사용을 멈추는 순간, 비로소 자신이 결핍되어 있음을 깨닫게 된다. 그리고 그 고통을 피하기 위해 다시 화면을 켠다.

소셜 미디어는 결핍에 머물 틈을 주지 않는다. 욕망이 향할 대상을 찾기도 전에 이미 새로운 이미지, 새로운 정보가 스크롤을 통해 주어져 있기 때문이다. 사용자는 알고리즘이 만들어 놓은 흐름 속에서 반응하는 객체가 된다. 무언가를 '하고 있는' 상태이지만 그것은 지연된 공허가 지속되는 것일 뿐이다. 그러면서 그들은 끊임없이 불안을 느낀다. 이 불안을 잊기 위해 다시 소셜 미디어로 빠져든다.

이런 10대의 증상은 병리적인 것으로 진단된다. 기성세대는 'SNS 중독', '주의력 결핍', '자존감 문제' 같은 개념들로 그들의 상태를 설명하려 한다. 그러나 이것은 '순수 욕망(pure desire)'이 형성될 기회를 박탈당한 결과다. 욕망(desire)은 사회적 인정, 부모와 타자의 기대, SNS 속 이상적인 삶과 관련된다. 그러나 순수 욕망은 이 모든 외부적 요인에서 해방된 욕망이다. 그것은 '무엇을 원하는가'가 아니라 '왜 원하는가'에 대한 근본적인 질문에서 출발한다.

순수 욕망이란 즉각적으로 충족될 수 없는, 결핍을 감내하는 경험에서 나온다. 10대는 원하는 것이 부족해서 우울한 것이 아니다. 원하는 것이 너무 쉽게 이미지로 '대체'되기 때문에 순수 욕망을 탐색할 기회를 갖지 못해 방향을 상실한 것이다. 10대는 자신이 원하는 것을 충분히 탐색하기도 전에 그것이 무엇인지 정해진 채로 소비해야 하는 상황에 놓여 있다. 이는 욕망의 구조적 붕괴를 의미하며, 따라서 욕망을 통해 주체성을 형성하는 과정도 단절된다. 욕망이 결핍을 통해 성장하는 것이 아니라 결핍을 삭제함으로써 허무와 무기력만 남게 된 것이다.

순수 욕망은 무언가를 갈망하는 과정 속에서 형성된다. 그것은 시간이 걸리는 것, 그리고 결코 완전히 충족될 수 없는 것이다. 순수 욕망이란 단순한 필요(need)를 충족하는 것이 아니라 어떤 대상을 결핍된 상태에서 갈망하는 것이다. 10대는 그러한 과정을 경험할 기회조차 없다. 그들은 원하는 것을 위해 기다릴 필요가 없으며, 시간이 걸려야만 도달할 수 있는 '무엇(the Thing)'을 욕망할 이유도 없다.

연극은 이 흐름을 끊는다. 연극은 즉각적인 만족을 제공하지 않는다. 연극은 소셜 미디어와 반대로 작동한다. 소셜 미디어는 끊임없이 새로운 것을 제시하며 결핍을 망각하게 만든다. 그러나 연극은 어떤 것도 즉각적으로 해결되지 않는 공간을 만든다. 소셜 미디어에서는 보는 것과 즉각적인 반응이 연결되지만, 연극에서는 기다려야 한다. 소셜 미디어에서는 모든 것이 연출된 이미지로 제공되지만 연극에서는 실재하는 몸이 움직이고, 그 몸은 실패를 반복할 수밖에 없다. 그리고 그곳에 결핍이 남게 된다.

연극: 결핍을 경험하는 장소

소셜 미디어의 본질은 반복과 수정 가능성에 있다. '되돌리기, 삭제하기, 수정하기'—이러한 기능은 사용자를 더욱 소셜 미디어로 빠져들게 만든다. 소셜 미디어에서 현실은 결코 단 한 번만 발생하지 않는다. 동일한 장면을 재촬영할 수 있고, 같은 문장을 다시 쓸 수 있으며, 불만족스러운 순간을 간단히 지워 버릴 수 있다. 모든 것은 최적화될 수 있고 필터는 결핍을 감춘다.

연극은 이러한 환상을 허용하지 않는다. 무대 위에서 이루어진 선택은 돌이킬 수 없다. 삭제도 없고 편집도 없으며 최적화의 여지도 없다. 연극은 즉각적인 만족을 제공하지 않으며, 한번 놓쳐 버린 장면을 다시 되돌릴 수도 없다. 연극은 불가피하게 실패의 가능성을 내포하고 있다.

연극을 한다는 것은 끝내 채워질 수 없는 공간 속으로 던져지는 것이다. 소셜 미디어가 '되돌리기' 유혹을 끊임없이 제시하는 곳이라면 연극은 단 한 번의, 결코 반복될 수 없는 순간을 살아 내도록 강요한다. 바로 이 점에서 연극은 학생을 환상의 세계에서 현실로, 가상의 완전함에서 불완전한 실재로 이끈다. 연극이야말로 허구가 아니라 실재의 공간인 것이다.

연극은 '완벽한 자아'라는 환상과도 충돌한다. 이미지와 텍스트를 수정하면서 마치 자기 자신을 조작하고 통제할 수 있는 듯한 착각에 빠지는 것이다. 그러나 연극에서는 이것이 불가능하다. 실수는 피할 수 없고, 예측할 수 없는 순간들이 끼어들며, 타자의 예상치 못한 개입이 연행을 방해한다. 여기서 학생은 자아가 결코 완벽하게 통제될 수 없다는 사실을 마주한다. 나아가 자아란 고정된 실체가 아니라, 타자와의 관계 속에서 변형되는 것임을 깨닫게 된다. 완벽한 자아의 환상은 해체되며 학생은 '될 수 없음'의 경험 속으로 이동한다.

이 '될 수 없음'은 혼자만의 한계가 아니다. 오히려 그것은 존재의 본질이다. 연극에서 학생은 자신의 불완전함을 마주할 뿐 아니라, 또 다른 불완전한 타자와 만나게 된다. 타자와의 관계 속에서 자신에 대해 전혀 새로운 것을 깨닫게 되며, 반복과 확장의 자아가 아니라 '현존(presence)'의 낯선 자기를 경험하게 된다.

무대 위에서 말해지는 '언어' 또한 어떤 완전한 진리를 전달하지 않는다. 그것은 끊임없이 새롭게 구성되며 기존의 의미를 전복한다. 연극은 이미 완성된 실체를 드러내는 것이 아니라 아직 채워지지 않은 것, 아직 도래하지 않은 가능성을 감각하게 만든다.

매직 숍: 순수 욕망을 욕망하는 장소

매직 숍(magic shop)은 모레노(J. L. Moreno)가 창안한 사이코드라마(psychodrama)에서 도입된 교육 연극 방법이다. 매직 숍은 무엇이든 원하는 것을 사고팔 수 있는 공간이다. 참가자는 자신이 얻고 싶은 것과 맞바꿀 것을 결정하고, 이를 매직 숍의 마스터와 협상한다. 이 협상으로 거래는 성사될 수도 있고 포기될 수도 있다.

매직 숍의 이러한 방식은 자칫 참가자가 자신의 순수 욕망을 성찰할 기회를 얻지 못하고, 모방된 욕망을 다시 강화할 수도 있게 한다는 점에서 주의를 요한다. 타자나 외부로부터 주입된 욕망이 자신의 욕망이라고 오인하고 그것을 위해 다른 것을 포기하려는 자아의 의지를 더 공고히 할 수도 있는 것이다. 이때 마스터는 예상치 못한 대가를 부여함으로써 참가자의 욕망을 다시 질문하도록 유도할 수도 있다. '무엇을 사고 싶나'가 아니라 '왜 그것을 원한다고 생각하는가', '이 욕망은 어디에서 왔는가'라는 질문을 할 수 있게 도와주는 것이다.

이 거래의 연극 속에서 참여자는 자신의 욕망이 순수 욕망이 아닌 강요된 욕망이라는 것을 감지할 수 있다. 욕망은 항상 결핍을 포함하며, 충족의 순간 오히려 공허를 초래하는 구조에 놓여 있다는 것도 이해할 수 있게 된다.

여기서 중요한 점은 욕망을 부정하거나 '잘못된 것'으로 간주하지 않는 것이다. 교육 연극은 욕망을 억압하는 장이 아니라 욕망이 형성되는 방식을 인식하도록 돕는 장이 되어야 한다. 참가자가 자신의 욕망이 자생적인 것이 아니라 사회적 관계 속에서 형성된 것임을 깨닫는 것이 중요하다. 그리고 그 깨달음은 욕망을 해체하는 것을 넘어 욕망을 다르게 구성할 가능성을 열어 준다.

순수 욕망은 결핍을 기꺼이 받아들이는 순간 드러난다. 매직 숍은 참가자가 결핍을 제거하려 하기보다 결핍을 욕망하는 주체로 전환되는 계기를 마련한다. 이 과정에서 참가자는 자신이 결핍을 회피하려던 것이 환상이었음을 깨닫기도 한다. 혹은 자신의 욕망이 단순히 결핍을 채우는 방식이 아니라 결핍을 유지하는 방식으로 작동하고 있음을 이해할 수도 있다.

10대에게 필요한 것은 더 정교한 추천 시스템이 아니라 실수할 수 있는 공간, 무언가를 망칠 수 있는 공간이다. 매직 숍에서의 거래는 완벽하게 이루어지지 않는다. 이 어긋난 거래 속에서 학생은 자신의 순수 욕망을 찾을 수 있는 용기를 얻게 된다.

참고문헌

Lacan, J.(1966). *Écrits*. Seuil. 홍준기 외 옮김(2021). 《에크리》. 새물결.

Verhofstadt-Denève, L. M. F.(2000). The Magic Shop Technique in Psychodrama. *International Journal of Action Methods, 53*(1), pp.3~16.

02
모방 욕망과 생소화 연극

소셜 미디어는 타인의 삶을 구경하는 창이 아니다. 타인의 삶을 통해 자신을 구성하는 거울이다. 우리는 타자를 그저 바라보는 것이 아니라 타자를 통해 자기 자신을 만들어 간다. 그 과정에서 '차이'는 지워진다. 이것은 개인의 모방 욕망이나 소셜 미디어 자체의 문제가 아니다. 신자유주의의 구조적인 문제다. 교육 연극은 이 구조에 '틈'을 낸다.

AI와 MBTI?

욕망이 폭력이 되는 과정

'완벽한 몸매를 원한다'고 생각하는 순간, AI 알고리즘은 즉각 다이어트 제품, 운동 루틴, 성형 광고를 제공한다. 이것은 진정한 욕망을 '욕망'할 시간을 제거해 버린다. 이 과정에서 개인은 진정으로 원하는 것이 무엇인지조차 알 수 없게 된다. 자신의 몸, 건강, 아름다움에 대해 성찰할 기회도 갖지 못한다. 때로는 원하지 않는 것을 원하도록 조장된다.

이런 현상은 단지 소셜 미디어 때문이 아니다. 신자유주의의 구조에서 기인한다. '완벽한 몸매'는 개인이 자기 자신을 관리하고 개선하며 더 높은 시장 가치를 지닌 존재가 되어야 한다는 이데올로기의 산물이다. '몸'은 비교되고 평가받는 대상이 되고, 소셜 미디어는 이것을 가속화하면서 마치 자연스러운 현상인 것처럼 인식시킨다. 결국 완벽한 몸매를 원하기 때문에 갖가지 의료 서비스, 약물 등을 소비하는 것이 아니라, 그것들을 소비해야 하기 때문에 완벽한 몸매를 원하도록 유도된다. 신자유주의적 시장은 제품을 판매하는 것이 아니라 개인이 그 서비스와 제품을 필요로 하도록 욕망 자체를 생산하는 것이다.

개인은 피드를 스크롤하며 타인의 이미지를 소비하고

타자가 어떻게 자기를 연출하는지를 학습한다. 그 결과, 차이는 지워지고 서로가 서로를 모방하는 무한 반복의 고리에 갇힌다. 여기서 지라르(René Girard)가 말한 경쟁과 폭력이 시작된다. 동일한 욕망을 향한 경쟁이 격화될수록 타자를 경쟁자로 인식하고 서로를 제거하려는 충동을 느끼기 때문이다. 한 인플루언서가 특정한 가방을 들고 나오면, 사람들은 단순히 그 가방 자체를 원하기보다 '그 가방을 가지면 저 사람처럼 될 수 있다'는 환상을 공유한다. 대중이 동일한 욕망을 공유하면 할수록 그 대상은 희소성을 갖게 된다.

이러한 모방은 점점 더 극단적인 형태를 띠게 된다. 더 많은 대중이 같은 트렌드를 따라 하면 그 트렌드는 더 이상 개성의 표현이 아니라 '생존을 위한 기준'이 돼 버린다. 단순한 유행이었던 것이 사회적 인정과 소속감을 결정짓는 척도로 변한다. 결과적으로 사람들은 타인을 단순한 타자가 아니라 '경쟁자' 혹은 '장애물'로 인식하게 된다.

한정판 운동화를 사기 위해 줄을 서는 사람들은 단지 소비자가 아니다. 그들은 그 신발을 갖지 못하면 사회적으로 열등해진다는 강박 속에서 움직이며, 이는 실제 폭력적 충돌로 이어지기도 한다. 흔히 '품절 대란', '리셀 전쟁'이라 부르는 현상은 동일한 욕망을 공유하는 사람들이 점차 타인을 적으로 여기고 배제하는 전형적인 사례다. 그 과정에서 패배한 자들은 무기력과 좌절 속에 빠지거나 분노를 표출하며 공격적인 태도를 취하기도 한다. 여기서 소셜 미디어는 배제와 폭력을 정당화하는 구조적 장치가 된다. '이런 옷을 입지 않으면 촌스러운 거다', '이런 라이프 스타일을 가지지 않으면 루저다'와 같은 메시지가 지속적으로 강화되면서, 사람들은 자신을 과시하는 동시에 타인을 무시하며 자신의 위치를 확인하려 한다. SNS에서 특정한 인플루언서를 향한 팬덤과 안티팬덤의 대결, 악플, 사이버불링, 불매 운동처럼 폭력은 온라인과 오프라인을 넘나들며 격화된다.

이러한 현상은 특정한 개인이나 집단에 국한되지 않는다. 과거에는 특정한 지역, 특정한 문화권에서 개별적으로 발생했던 경쟁과 폭력의 양상이 오늘날에는 SNS를 통해 전방위로 확산된다. 이제 사람들은 자신의 지역, 자신의 공동체에서만 경쟁하는 것이 아니라 전 지구적 차원의 경쟁 속에서 살아간다.

이런 폭력적 분위기는 정치, 문화, 사회 전반에서 반복된다. SNS에서 특정한 의견이 유행하면 그것을 따라가지 않는 자들은 비난받거나 공격받는다. 정치적 견해가 다르면 상대를 적대시하며, '정치적 올바름'이나 '윤리'라는 이름으로 폭력을 저지른다. 세계가 점점 더 양극화되고 적대적 분위기가 형성되는 이유는, 모두 동일한 시스템 속에서 동일한 방식으로 경쟁하도록 구조화되어 있기 때문이다.

10대: 시스템의 신봉자 혹은 피해자

10대는 이 시스템의 가장 열렬한 신봉자이자 가장 직접적인 피해자다. 발달 단계 차원에서 10대에게는 또래 집단이 매우 중요하고, 소셜 미디어는 이 시스템의 산실이므로 그들은 스스로 무엇을 원하는지 결정하지 않고/못하고, 타자가 원하는 것을 욕망함으로써 자신의 욕망을 구성한다. 10대에게 트렌드는 자기 자신을 정의하는 방식이 된다. 이로써 10대에게는 모방 욕망과 경쟁이 더욱 치열하게 일어난다.

'핫한' 브랜드를 입고 최신 유행을 따라가는 이와 그렇지 못한 이 사이에는 자동적으로 위계가 형성된다. SNS가 만들어 낸 환경 속에서 타인의 피드와 비교하면서 자신이 충분히 스타일리시하지 못하고, 충분히 잘나가지 못하고, 충분히 인기를 얻지 못하고 있음을 실시간으로 확인하게 된다. 이것은 10대의 문화에서 존재의 인정 여부 자체가 걸린 문제이기 때문에, 그 브랜드를 구매하지 못한 이들은 무력감과 자기혐오에 빠지거나 반대로 폭력적인 방식으로 저항하게 된다.

이런 구조 속에서 10대는 필연적으로 불안정해질 수밖에 없다. 모방하지 않으면 존재 자체가 위태로워지고 모방을 하더라도 불안이 사라지지 않는다. 모방은 본질적으로 완전한 충족을 불가능하게 만들기 때문이다. 이미 유행하는 트렌드를 따르는 순간, 그것은 더 이상 '최신'이 아니게 되고 새로운 욕망의 대상이 등장하며 다시 모방의 강박이 시작된다.

이러한 불안정한 상태는 궁극적으로 10대를 극단적인 선택으로 내몰 수도 있다. SNS상의 집단 따돌림, 외모 강박, 심리적 불안, 자살 충동까지 – 이것들은 개인적 문제로 환원될 수 없다. 신자유주의적 자본주의에서 비롯된 구조적 문제다. 신자유주의적 이데올로기는 끊임없이 개성을 가져야 한다고 외친다. 그러나 실상은 정반대다. 개성을 찾기 위해 수행하는 모든 모방이 결국은 극단적인 동질성을 만들어 내기 때문이다. 트렌드에 따라 옷을 입고 똑같은 필터를 사용하며 같은 스타일의 셀피를 찍고 유행하는 말투와 행동을 따라 하는 이들 속에서, 개성이란 유행을 조금 더 빨리 따라가는 능력에 불과하다.

10대는 자유롭고 독창적인 세대가 아니라 역사상 가장 표준화된 세대가 되었다. 자신이 특별하다고 믿으면서도 실상은 같은 브랜드, 같은 문화, 같은 소비 습관을 공유하는 군집 속에서 살아가는 것이다.

이 악순환에서 진짜 개성을 가져야 한다는 식의 주장은 의미가 없다. 개성을 추구하는 행위 자체가 이미 시스템 속에서 관리되고 있기 때문이다. 중요한 것은 자신이 욕망하는 것이 진짜 자신의 것인지 아니면 구조적으로 주입된 것인지에 대한 비판적 인식이다.

생소화를 위한 교육 연극

개성은 그 자체로 '개성을 가져야 한다'는 신자유주의적 억압을 상징한다. '남을 따라 하지 말라'는 명령이야말로 이미 특정한 이상적 주체 모델을 내면화했음을 증명하는 것이다. 10대에게 개성을 가지라고 말하는 대신, 그들이 모방된 개성을 추구할 수밖에 없는 이 시스템 자체를 비판적으로 바라보도록 만들어야 한다. 여기서 필요한 것은 설득이나 교훈이 아니라 욕망의 구조를 직접 경험하고 그것을 낯설게 만드는 장치다.

이를 위해 브레히트(Bertolt Brecht)의 생소화(alienation)를 발생시키는 교육 연극을 적용할 수 있다.

생소화는 배우가 자신의 역할에 대해서도 거리 두기를 하고, 관객 또한 극 중 인물과 감정적으로 동일시하지 않도록 만드는 서사극의 전략 중 하나다. 이러한 전략을 교육 연극에 적용하면 참여자가 특정한 상황이나 개념을 익숙한 방식이 아니라 새로운 시선으로 바라볼 수 있도록 유도할 수 있다.

소셜 미디어를 중심으로 빚어지는 여러 현상에 대한 생소화 연극은 미디어와 욕망의 관계, 나아가 사회 구조와의 관계에 대한 성찰의 계기를 부여한다. 특히 참여자가 더 과장되고 과잉되게 현상을 표현함으로써 생소화 효과는 더 적극적으로 일어날 수 있다. 소셜 미디어 안팎에서 일어나는 일들에 몰입하여 그 장면을 충실하게 재현하는 것이 아니라, 거리 두기를 하면서 과장되게 연행할 때 참여자는 '나'라는 자아가 자명한 실체가 아닌 특정한 담론적 · 미디어적 환경에서 모방되고 학습된 것임을 깨달을 수 있게 된다.

이 생소화 연극은 연출된 퍼포먼스나 결과로서의 이미지에 그치지 않고 그 과정까지도 포괄한다. 콘텐츠를 소셜 미디어에 올리고 사람들의 반응을 기다리는 순간까지도 연극의 일부로 삼을 수 있는 것이다. 누군가 자신의 게시물에 '좋아요'를 눌러 주기를 기대하며 불안해하는 시간, 댓글을 확인하고 반응을 분석하는 과정까지도 연행의 영역에 포함될 수 있다. 연극이 온라인 상호 작용의 정서적 차원까지 아우를 때, 생소화 효과는 더 심화되며 참여자는 소셜 미디어와 알고리즘, 신자유주의적 명령의 관계에 대해 성찰할 수 있게 된다. 개성은 주체적 선택이 아니라 '개성을 가져야 한다'는 압박 속에서 강제된 것이며, '남을 따라 하지 말라'는 명령 또한 이미 특정한 이상적 주체 모델을 내면화했음을 증명한다는 것도 깨달을 수 있게 된다.

생소화 연극이 끝나면 '공유(sharing)' 단계로 나아간다. 학생들은 서로의 경험을 비교하면서 자신의 경험이 개별적인 것이 아니라, 보다 보편적인 사회적 현상의 일부임을 인식하게 되는 것이다.

결국 진짜 폭력은 모방 욕망에 따른 개인 간 폭력이 아니라 그 폭력을 재생산하는 신자유주의 체제 자체에 있다. 신자유주의는 '너 자신이 되라'고 명령하지만 그 '자신'은 결코 실재하는 것이 아니다. 그것은 미디어, 소비문화, 성공 신화 등을 통해 주어진 타자의 욕망을 욕망하게 하는 메커니즘의 효과다. 그렇게 형성된 욕망은 경쟁을 낳고, 경쟁은 배제를 낳으며, 배제는 결국 폭력으로 귀결된다.

교육 연극은 '더 개성 있는 사람'을 지향하게 만들지 않는다. 더 개성 있는 사람이 신자유주의 체제가 만들어 낸 허상임을 감지하게 만든다. 교육 연극은 주체를 더 '자기답게' 만드는 것이 아니라 그 '자기다움'이라는 환상을 불편하게 마주하게 만드는 것이다.

참고문헌

한국브레히트학회(2001). 《브레히트의 연극 세계》. 열음사.

Girard, R.(1972). *La Violence et le Sacre*. Grasset. 김진식 외 옮김(2000). 《폭력과 성스러움》. 민음사.

03
내가 한 게 아니야, AI가 해 준 거야

인공지능이 교실로 들어온다. 학생은 정보를 일일이 검색할 필요도, 문제를 직접 해결할 필요도 없다. 모르는 개념이 있으면 AI가 설명해 준다. 복잡한 수학 문제도, 고전 문학의 난해한 구절도, 심지어 창의적인 글쓰기까지 단 한 번의 클릭, 단 한 줄의 프롬프트로 해결된다. AI가 할 수 없는 창의적 사고를 가르쳐야 한다는 명제는 공허하다. 교육이 해야 할 일은 AI보다 더 창의적인 인간을 만드는 것이 아니라 학생들이 '창의성'이라는 개념 자체를 다시 질문하게 만드는 것이다.

AI와 난임 극복?

창의성의 신화, 원본의 허구

알고리즘이 추천한 음악을 듣고, AI가 생성한 문장을 복사해 과제를 제출하며, 얼굴 필터를 적용해 '자연스러운' 셀카를 찍는다. 그리고 이렇게 말한다. "내가 한 게 아니야. AI가 해 준 거야." 이 말은 농담도, 수치심이나 죄책감의 표현도 아니다. 시대정신을 반영하는 말이다.

이제 AI를 사용하는 것은 윤리적 딜레마가 아니라 '현명한 선택'으로 간주된다. AI의 도움을 받지 않는 선택은 비효율적이며 비효율성은 곧 무능함이 된다. 개인은 이제 알고리즘이 제공한 선택지를 '고르는' 주체가 되었고, 창의성조차 선택의 행위로 환원 가능한 것처럼 보인다.

교육 현장에서 AI 기반 글쓰기는 양가적 평가를 받는다. 일부에서는 창작의 도구로 인정하지만 AI가 창의성을 박탈한다고 우려하기도 한다.

그러나 과거의 글쓰기 교육이 과연 창의적이었는지를 돌아보면 이러한 우려는 오히려 의문을 자아낸다. 교육은 언제나 '좋은 글'의 기준을 설정했고, 학생은 평가 기준을 충족하는 방식으로만 창의적일 수 있었다. 창의성은 언제나 규범화된 형식 안에서만 허용되었으며, '창의적인 글쓰기'는 가장 효율적으로 점수를 받을 수 있는 방법이었을 뿐이다. 결국 창의성이란 규정된 기대를 만족시키는 적절한 변주에 불과했던 것이다.

글쓰기가 온전히 개인의 영감에 의해 이루어져야 한다는 뜻이 아니다. 글쓰기는 본래 이미 존재하는 텍스트와의 관계 속에서 형성되며, 창작이란 본질적으로 '다르게 반복하는 것'이라는 사실을 부인하지 말아야 한다는 의미다. 기존의 요소를 조합하고 변형하는 과정이 곧 창작이며, AI의 개입은 이러한 과정의 연장선에 있다. 과거에는 인간만이 수행하던 변형과 조합을 이제 AI가 함께 수행할 수 있게 되었을 뿐, 창작의 본질이 바뀐 것은 아니다. AI는 인간이 접근하기 어려운 방대한 데이터를 분석하고, 기존의 맥락 속에서 예상치 못한 연결을 만들어 냄으로써 새로운 가능성을 제시한다. AI는 기계적 복제가 아니라 창작 행위를 촉진하는 또 하나의 '타자'로 등장한 것이다.

'원본(originality)'이란 것 또한 담론적 구성물이다. 이는 예술뿐 아니라 철학, 문학, 심지어 인간의 정체성에도 동일하게 적용된다. '진정한 자아'라고 믿는 것도 실은 역사적, 사회적, 문화적 요인들 속에서 형성된 담론적 효과다. 창의성은 '창작의 주체'라는 개념에 의존하는 것이 아니라 타자와 어떻게 새로운 관계와 연결을 만들어 내느냐에 달려 있다.

창작의 미래는 '독창적인 천재'라는 낡은 신화가 아니라 인간과 기계가 협력하는 새로운 담론 속에서 재정의될 것이다. AI가 창조적 주체가 될 수 있는가에 대한 질문은 무의미하다. 더 근본적인 질문은 인간이 정말로 단독적인 창조적 주체였던 적이 있었느냐는 것이다. 창작이란 언제나 관계 속에서 이루어졌던 것이며, AI는 단지 그 관계의 한 축을 담당할 뿐이다. 창작은 관계적이고 복합적인 사건으로 이해되어야 한다. AI 시대의 창의성이란 결국 '타자와의 대화'로서의 창작을 어떻게 바라볼 것인가의 문제와 맞닿아 있다.

AI와 함께 대본을 쓴다면

스마트폰을 비롯한 각종 디지털 디바이스는 10대의 페티시다. 디지털 네이티브 세대에게 AI는 신체의 연장, 자아의 보조 장치인 것이다. 디지털 환경은 그들에게 자연스러운 삶의 일부이며, 이 환경 속에서 이루어지는 창작에서 대규모 언어 모델(LLM, Large Language Model) 기반 인공지능이 활용되는 것은 더 이상 특별한 일이 아니다.

연극의 대본 또한 AI와 함께 쓸 수 있다. 물론 AI가 문장을 직접 창조하는 것은 아니다. AI는 확률적으로 가장 적절한 패턴을 예측하여 텍스트를 제공한다. AI를 이용한 글쓰기가 '창작'이 아니며, 인간이 AI가 제공한 문장을 선택하고 조정하는 편집자의 역할로 축소될 수 있다는 우려가 나오는 것도 이 때문이다.

그러나 편집이라는 행위는 단순한 복사가 아니다. 텍스트를 배열하고 변형하며 새로운 의미를 만들어 내는 것을 창조적 행위가 아니라고 할 수 없는 것이다. 이미 음악 샘플링과 리믹스는 창작으로 인정되고 있다. AI가 제공하는 문장들도 마찬가지다. 그것은 창작의 '재료'가 될 수 있으며, 그것이 창작이 되기 위해서는 인간의 개입이 필수다. 중요한 것은 AI가 만들어 낸 문장을 어떻게 해석하고 변형하느냐에 달려 있는 것이다.

이러한 AI와의 협업에서는 질문하는 능력이 더 중요해질 수밖에 없다. AI는 사용자의 프롬프트에 따라 다른 결과를 내놓는다. 이때 프롬프트를 구성하는 것 자체가 창작의 한 과정이 된다. 질문을 어떻게 던지느냐에 따라 AI가 내놓는 결과는 달라지고, 여기엔 사용자의 사고력과 배경지식이 개입될 수밖에 없다. AI가 어떤 방향으로 텍스트를 생성하게 할지 고민하면서 프롬프트를 구성할 때, 창작자는 수동적으로 AI 생성물을 복제하는 기계적이고 비윤리적인 인간이 아니라 텍스트를 변형하고 전환하는 능동적인 주체가 된다. AI는 단지 가능한 문장들을 나열할 뿐이지만, 창작자는 그 문장들이 구성된 방식을 해체하고 전복하며 전혀 새로운 의미의 공간으로 이동할 수 있는 것이다.

AI를 창작 도구로 활용하는 것 자체가 문제가 아니다. 그것을 단지 복사한다면 오히려 인간이 AI의 도구가 되는 것이지만, AI가 제공하는 것을 더 근원적인 질문에 접목한다면 새로운 창작 방식이 될 수 있다. 창작이란 AI 생성 텍스트를 '완성된 결과물'로 소비할 것인가, 아니면 끊임없이 새로운 층위를 창출하는 '과정'으로 만들 것인가의 문제가 되는 것이다.

창작자가 능동적인 지위를 점유했을 때 AI는 수많은 텍스트를 분석하여 새로운 연결점을 제시할 것이다. 창작자가 예측하지 못한 문장과 아이디어를 만들어 내며 사고를 확장할 수도 있다. AI는 인간이 다른 방식으로 사고할 수 있도록 촉진하는 기제가 될 수 있다. AI는 창작을 대신하는 것이 아니라 창작을 다른 방식으로 가능하게 하는 장치가 되는 것이다.

글쓰기에 대한 상위 인지(metacognition)가 그 어느 때보다 중요한 시점이다. 상위 인지는 '내가 지금 왜, 무엇을, 어떻게 쓰고 있는가'를 끊임없이 물으며 사고하는 과정이다. AI 시대 글쓰기의 상위 인지는 이전과 다르다. 과거의 상위 인지는 자기 검열에 가까웠다면, 지금의 상위 인지는 그 검열을 해체하는 것이 된다. 이전의 자기 검열적 상위 인지가 글쓰기에서 오류를 제거하고 정해진 규범을 내면화하는 것이었다면, AI 시대의 상위 인지는 오히려 그 규범을 문제 삼고, AI가 제공하는 언어적 가능성을 변형하며, 때로는 그것을 벗어나는 과정이 되는 것이다.

연극적 사건으로서의 창작

LLM 기반 AI는 연극 대본을 빠르게 생성할 수 있으며, 특정한 주제나 인물에 대한 정보를 조합하여 학습자에게 즉각적인 텍스트를 제공할 수 있다. 그러나 이 대본을 그대로 사용할 수는 없다. 표절이나 윤리적인 문제 때문이 아니다. AI가 생성한 텍스트가 본질적으로 비실재적이기 때문이다. AI가 생성한 문장은 발화하는 주체의 실존적 경험과 맥락이 결합될 때 실재적인 말이 된다.

AI는 문장을 예측할 수 있지만 그 문장이 수행되는 맥락을 생성하지는 못한다. AI는 특정한 장르적 문법을 학습하고 확률적으로 적절한 문장을 생성한다. 그리고 그 문장은 텍스트적으로 자연스럽고, 논리적으로 연결되어 있으며, 표면적으로는 완전한 극적 발화처럼 보인다. 그러나 교육 연극에서 중요한 것은 논리적으로 문제없는 문장을 '연기'하는 것이 아니다. 특정 발화가 왜 여기서 등장해야 하는지 혹은 왜 이 발화는 이 상황을 더 왜곡하는지를 통찰하는 것이다.

AI와 함께 쓴 대본에 즉흥극이 매개되어야 하는 이유가 여기에 있다. 즉흥극은 AI 생성 대본을 변형하고 전환한다. 즉흥극은 정해진 틀을 따르는 것이 아니라, 학생들의 상호 작용 속에서 서로 감응하며 대본을 실시간으로 재구성하는 과정이다. 이를 통해 학생은 AI가 제공한 대사의 기계적 패턴을 깨뜨리고 새로운 의미적 층위를 형성한다. 즉흥극은 언어적 충돌과 긴장 속에서 맥락과 사건을 생산하는 것이다. 이로써 즉흥극은 연행을 '하면서' 대본을 '쓰는' 과정이 된다.

이는 허구와 현실이 충돌하는 지점에서 발생하는 메탁시스(metaxis)의 작용 속에서 이루어진다. 오툴(John O'Toole)은 강력한 드라마가 있는 곳에는 언제나 메탁시스라는, 실제 맥락과 허구적 맥락이 공존하는 순간이 있다고 말한 바 있다. 학생은 AI가 제공한 텍스트를 수행하는 동시에 그것이 자신의 것이 아니라는 사실을 자각하며 그와 거리를 둔다. 그리고 이것이 텍스트와 주체 사이의 관계를 재구성하는 계기가 된다. 즉흥극은 허구 속에서 현실을 발견하고, 현실 속에서 허구를 재구성하는 메탁시스적 운동이 되는 것이다.

AI는 대사를 제공할 수 있지만 인간은 발화된 대사 속에 '산다'. 즉흥극에서는 배우가 무엇을 말해야 할지 모르는 순간이 필연적으로 발생한다. 이 때문에 언어의 공백과 침묵이 발생한다. 이때에도 AI는 확률적으로 적절한 문장을 제공할 준비가 되어 있겠지만, 인간은 어떤 경우에 결코 표현될 수 없다는 것을 인지한다.

창작이란 말할 수 없는 것과 마주하는 순간이다. AI는 말할 수 있는 것을 제공하지만, 즉흥극은 말할 수 없는 것과의 조우를 통해 새로운 말을 탄생시킨다. 그리고 바로 이 지점에서 창작의 진정한 의미가 발생한다.

즉흥극을 통해 AI 대본은 다시 질문되고 수정되고 해체된다. '왜 이 대사를 이렇게 말할 수 없는가'라는 질문 속에서 재구성되는 것이다. 연극에서 중요한 것은 텍스트가 아니라 그것이 수행되면서 형성되는 '사건'이다.

"내가 한 게 아니야, AI가 해 준 거야." 이 말은 교육 연극에서는 불가능하다. 교육 연극은 단지 '표현'이 아니라 '표현할 수 없는 것'을 마주하는 공간이기 때문이다.

참고문헌

O'Toole, J.(1992). *The Process of Drama: Negotiating Art and Meaning*. Routledge.

04
교육을 해체하는 교육 연극

AI 월드 모델과 확장 현실(XR)의 결합은 교육 환경에 급격한 변화를 가져올 것이다. 학생은 AI가 설계한 확장 현실 속에서 직접 경험하며 학습할 수 있게 될 것이다. 그리고 바로 여기에 위험이 있다. AI가 만들어 낸 가상 학습 환경이 특정한 관점이나 이데올로기를 반영하고 있다면, 그 몰입의 환경에서 학생은 그것을 절대적 진리로 받아들일 가능성이 있기 때문이다. 이것은 인공지능 시대에 부딪히게 되는 또 다른 버전의 '플라톤의 동굴'이다.

AI와 사주?

플라톤의 '동굴의 비유'

동굴 속 사람들은 벽에 비친 그림자만을 본다. 그림자는 등 뒤에서 불을 비춰 만든 허상이며 진짜 현실이 아니다. 한 사람이 풀려나 동굴 밖으로 나가면, 처음에는 빛에 눈이 부시지만 결국 태양(진리, 이데아)을 보게 된다. 철학자는 진리를 깨닫고 동굴 속 사람들에게 그것을 알리려 한다. 동굴 속 세계는 거짓된 감각의 세계이며, 동굴 밖의 태양이야말로 진정한 실재이기 때문이다.

플라톤의 '동굴의 비유'는 무지에서 지식으로 나아가는 과정으로 해석된다. 인간은 감각적 세계의 환상에 갇혀 있지만, 철학적 탐구와 교육을 통해 진리를 향해 나아갈 수 있다는 것이다.

지젝(Slavoj Žižek)의 관점에서 보면, 이 해석은 계몽주의적 환상에 불과하다. 플라톤은 동굴 밖의 태양을 절대적 진리로 보았지만 지젝은 빛 자체도 하나의 이데올로기적 장치일 수 있다고 말한다. 동굴 밖 세계가 진짜 세계가 아니라 또 다른 형태의 구조적 환상일 수 있다는 것이다.

지젝은 이 관점으로 영화 〈매트릭스〉를 해석한다. 네오는 '매트릭스'라는 가상 세계에 갇혀 있으며 그곳이 현실이라고 믿는다. 그러나 그 현실은 코드와 가상 시뮬레이션이었을 뿐 실제 현실이 아니었다. 모피어스는 네오에게 '파란 알약을 먹으면 기존의 세계로 돌아가고, 빨간 알약을 먹으면 진실을 깨닫는다'고 말한다. 네오는 물론 빨간 알약을 먹고 '진짜 현실'을 보게 되지만, 그것은 더 깊은 차원의 허구 혹은 보다 불편한 현실일 뿐이다.

지젝의 〈매트릭스〉에 대한 해석은 플라톤의 동굴 비유를 뒤집는다. 플라톤이 동굴 밖의 태양이 '진리'이며 인간이 궁극적으로 도달해야 할 목표라고 보았다면, 〈매트릭스〉에서 네오가 도달한 '진짜 현실'조차도 여전히 허상이다. 이것이 의미하는 바는 인간은 절대적인 진리에 도달할 수 없으며, 우리가 인식하는 현실은 항상 이데올로기적 필터를 거친 상태라는 점이다.

이런 관점을 교육에 전유한다면, 교육이란 빛을 향해 나아가는 것이 아니라 동굴의 그림자를 해석하고 이 그림자가 만들어진 방식을 이해하는 과정이 된다. 진리를 찾는 과정이 교육이 되는 것이 아니라 진리라고 믿고 있는 것이 어떻게 구성되었는지를 분석하는 것이 교육인 것이다. 빛과 진리를 설정하고 이를 맹목적으로 추구하는 것은 오히려 기존의 이데올로기를 수동적으로 내면화하는 것일 뿐이다.

플라톤의 해석에서 교육은 동굴을 떠나는 것이지만,

지젝의 해석에서 교육은 동굴을 다시 보는 것이다. 교육은 더 높은 진리를 찾는 것이 아니라 현재 존재하는 방식이 어떻게 구성되어 있으며, 그것을 어떻게 변형할 수 있는지 인식하는 과정인 것이다.

'AI-XR'이라는 동굴의 그림자

동굴의 구조를 분석하고 이해하는 것은 인공지능 시대에 더욱 중요해졌다. 플라톤 시대엔 동굴 벽 그림자가 허상이었지만 이제는 그 그림자가 현실을 대체하는 단계에 이르렀기 때문이다.

AI 월드 모델(LWM, Large World Model)은 인공지능이 세계를 이해하고 예측하기 위해 내부적으로 구축하는 인식 체계다. AI가 데이터를 통해 하나의 세계관을 형성하고 그 안에서 패턴을 학습하며 미래를 예측하는 것이다. XR는 이를 한층 더 강화할 것이다. XR는 가상 현실(VR), 증강 현실(AR), 혼합 현실(MR)의 결합을 넘어 현실과 가상의 경계를 무너뜨리는 기술적 환영(illusion)이라 할 수 있다. 만약 AI-XR가 학습 환경이 된다면 학생의 몰입도는 최대치로 올라가겠지만, 그만큼 그 바깥을 볼 수 없게 될 것이다. AI-XR는 더 정교하고 더 몰입적이며, 자발적으로 감옥에 갇히도록 설계된 동굴이 될 가능성이 높은 것이다.

플라톤의 비유에서 동굴 속 인간은 벽에 비친 그림자를 실제라고 믿지만, 이제는 가상 세계가 그림자가 아니라 하나의 대체 현실이 된다. AI를 통해 XR가 현실처럼 구현될 때, 학생은 과거에는 상상할 수 없던 방식으로 학습할 수 있다. 그리고 이것은 새로운 동굴 속에 갇히게 될 위험을 의미한다. AI가 중립적이라는 편견 때문이다. AI는 특정한 방식으로 데이터를 수집하고 가공하며 그 결과물을 '객관적 지식'이라는 형태로 포장한다. 플라톤의 동굴에서 벽에 비친 그림자가 조작일 수 있듯, AI가 학습하는 데이터 역시 특정한 편향과 이데올로기를 내포할 수 있는 것이다.

이 때문에 인공지능이 생성한 가상 현실과 담론이 어떻게 형성되었는지를 질문하고 통찰하는 것이 더욱더 중요해진다. AI 교육 시스템이 특정한 방식으로 현실을 재구성하는 장치가 될 수 있음을 끊임없이 의심해야 한다. AI와 XR가 열어 주는 세계가 '더 넓은 시야'를 제공하는지 아니면 더 정교한 방식으로 우리의 시야를 제한하는지 학생 스스로 논의할 수 있게 해야 하는 것이다.

'전문가의 외투'에서 '탐구자의 외투'로

AI와 XR라는 교육 환경은 편향성에 노출돼 있다. 특정한 가치관을 강화할 수 있을 뿐 아니라 게임처럼 설계된 교육 매체는 비판적 사고 없이 정보를 받아들이게 할 위험도 있다. 여기에 '전문가 외투 기법(MoE, Mantle of the Expert)'을 매개할 수 있다. 이 기법은 교사가 학생들을 특정한 전문가 집단으로 설정하고, 그들에게 문제를 해결할 책임을 부여하는 방식으로 진행된다. 학생은 과학자, 역사학자, 기자, 예술가 등 다양한 전문가 역할을 맡고 특정한 상황이나 프로젝트를 수행하면서 학습하게 된다. 이 과정에서 학생은 주도적으로 문제를 해결하고 탐구하는 주체가 된다.

인공지능이 결합된 교육 환경에서 MoE를 적용하면 학생은 이 기술에 대한 전문가나 개발자, 혹은 철학자나 인문학자가 되어 현대 사회에서 AI가 어떤 역할을 하는지, 그리고 어떻게 이데올로기를 형성하는지를 조사하고 보고서를 작성할 수 있다. 혹은 '미래 교육 설계자'로서 인공지능 시대의 교육 시스템을 비판적으로 구상하도록 할 수도 있다. 학생은 물론 AI를 활용해서 교육 방안을 모색하겠지만 여기서 그쳐서는 안 된다. 왜 AI를 교육에 도입하려 하는지, 그것이 교육의 본질에 어떤 영향을 미치는지와 같은 질문을 던지며, 교육을 둘러싼 구조적 문제를 분석하고 대안을 모색하는 역할을 수행할 수 있게 해야 하는 것이다.

그리고 여기서 다시 딜레마에 봉착하게 된다. 전문가의 역할을 하게 된 학생은 기존의 권위적이고 이해관계가 얽힌 담론을 재생산하는 데 그칠 수 있기 때문이다. 이는 기존 체제에 대한 비판적 사고를 촉진하는 것이 아니라 그 체제를 더욱 공고히 하는 방향으로 작용할 가능성을 내포한다.

따라서 학생에게 '전문가'보다는 '탐구자'로서 역할을 부여하는 것이 더 의미가 있다. 전문가로서 이미 존재하는 질서를 답습하는 것이 아니라, 탐구자로서 현재의 구조를 해체하고 새로운 가능성을 모색하는 것이다. '탐구자의 외투'를 통해 학생은 무엇이 문제로 설정되는지, 그 자체를 질문하는 주체가 될 수 있다.

인공지능과 관련된 문제에 대해 탐구자로서의 학생은 권위를 가진 전문가보다는 'AI 데이터 검토 위원'으로서 역할을 설정할 수 있다. AI가 제공하는 교육 데이터를 검토하고 그것이 학습된 원본 데이터가 무엇인지, 어떤 편향을 가질 수 있는지 분석한다. 가령 AI가 역사적 사건 요약을 제공할 경우, 학생은 이 AI는 어떤 관점에서 요약했는지, 이 요약에서 누락된 부분은 무엇인지 등을 탐구할 수 있다. 이 과정에서 그 편향성을 만들어 내는 시스템 내부의 논리를 직접 경험하게 된다. AI가 생성하는 정보를 의심해야 한다는 단순 논리가 아니라, 자기 자신이 AI를 신뢰하는 구조 속에 포섭되어 있음을 비판적으로 인식하게 되는 것이다.

또한 학생은 'AI 뉴스 검토 위원'이 되어 AI가 생성한 뉴스 기사가 어떤 특정한 정치적 입장을 반영하고 있는지도 조사할 수 있다. AI 뉴스가 특정한 프레임을 강화하고 있는지, 누락된 정보가 있는지를 탐구하면서 이를 토대로 AI 뉴스 알고리즘의 문제점을 분석하고 개선 방향을 제안할 수 있다.

'가상 현실 해석가(VR Interpreters)'가 되어 XR 기반 학습 환경의 구조도 분석할 수 있다. 학생은 AI가 만든 가상의 박물관에 들어가 그것이 어떻게 설계되었는지를 연구한다. 그리고 그 가상 세계에서 제공하는 정보가 특정한 가치관이나 문화적 편향을 반영하고 있는지 탐색하고 현실 세계와 비교해 볼 수 있다.

MoE가 일반적인 탐구나 보고서 작성, 발표와 다른 점은 학생이 정보와 데이터를 정리하는 것이 아니라, 자신이 그 구조 속에 속해 있다는 자의식이 지속적으로 환기

되면서 탐구 과정을 적극적으로 수행하게 된다는 점이다. 학생은 외부적 관찰자가 아니라 이데올로기적 장 내부에서 수행적 주체로서 탐색하는 경험을 하게 된다. 이는 '어떤 문제가 있는가'를 논의하는 것을 넘어 '나는 지금 어디에 서 있는가'를 직접 경험하는 과정이 될 수 있다.

이데올로기는 쉽게 무시하거나 저항할 수 있는 것이 아니다. 그것은 개인이 일상 속에서 행위하고 발화하는 모든 면에 얽혀 있다. '비판적으로 생각하라'고 가르치는 것만으로는 충분치 않다. 학생이 스스로 그 구조 속에서 행위하도록 만들고, 그 과정에서 모순과 균열을 인식하게 이끄는 것이 필요하다. 탐구자의 외투는 학생에게 인식론적 전환을 넘어 실제 수행을 통한 실존적 전환을 경험하게 해 준다.

교육은 '동굴'을 떠나는 것이 아니다. 동굴의 구조를 해석하고 해체하며 재구성하는 실천이어야 한다. 진실이란 저 어딘가에 도달 가능한 실체가 아니라, 어떤 틀로 진실을 보게 되는지를 구성하는 구조 자체다.

AI가 설계한 VR, XR가 완전한 체험을 제공한다면 교육 연극은 불완전한 재현을 통해 현실의 균열을 드러낸다. XR 기반 학습 환경이 신체와 감각을 포섭함으로써 '진짜 같은 거짓'을 구성한다면, 교육 연극은 반복과 어긋남을 통해 '거짓 속의 진실'을 호출하는 것이다.

참고문헌

Irwin, W.(ed.).(2002). *The Matrix and Philosophy.* Open Court Publishing. 이운경 옮김(2003). 《매트릭스로 철학하기》. 한문화.

Neelands, J. & Goode, T.(2000). *Structuring Drama Work.* Cambridge University Press. 이시원 옮김(2011). 《스트럭처링 드라마》. 달라진책.

05
무지한 스승의 연극 없는 연극

지금까지 교육 연극 기법으로 매직 숍, 생소화 연극, 즉흥극, 탐구자의 외투를 살펴보았다. 그러나 이 방법들은 절대적인 것도, 반드시 필요한 것도 아니다. 교육 연극은 연행이 없어도 가능하다. 오히려 연극 없는 연극이 더 교육적이며 더 자연스러울 수 있다. '무지한 스승'의 연극 없는 연극은 기존의 지식 전달 구조를 해체한다. 그것은 학생을 일깨우지 않는다. 스스로 깨어나게 한다. 무지한 스승은 무력한 스승이 아니다. 가장 효율적인 스승인 것이다.

AI와 아이돌?

교육이 무엇인지 묻지 않는 사회

과거에는 지식과 정보를 전수하는 것이 교육이었다. 학교는 지식을 전달하는 기관이었고, 교사는 정보를 소유한 주체였다. 학생은 교사가 제공하는 내용을 받아들였다. 그러나 이제 정보의 부족이 아니라 정보의 과잉 속에서 무엇을 믿어야 하며, 어떻게 해석할 것인가로 교육의 패러다임이 전환되었다.

여기서 교사의 역할이 다시 논의된다. AI는 학생들에게 즉각적인 정보 접근성을 제공하며 기존의 학습 구조를 변화시키고 있다. 디지털 네이티브 세대가 AI를 자아 확장 매체로 쓰고 있는 환경에서 교사는 어떤 역할을 할 수 있을까.

교사는 학생과 AI 사이에서 중재적 역할로 반드시 필요하다는 담론이 사회적으로 합의되어 있는 것 같다. 이 합의는 교육의 필요성에서 비롯된 것일까 아니면 기존 교육 시스템을 유지해야 한다는 관성에서 비롯된 것일까. 무엇보다 그 '중재'라는 것이 어떤 것인지에 대한 논의는 빠져 있다. 교사는 AI와 학생 사이의 정보 조정자(coordinator)인가 아니면 AI 시대의 새로운 교육적 패러다임을 창출하는 주체인가. 교사가 'AI를 잘 활용하는 법'을 가르치는 조력자가 된다면, 교사는 AI의 보조 장치가 될 뿐이다.

교사가 필요하다는 믿음이 강해질수록 교사가 무엇을 해야 하는가에 대한 논의는 더 모호해진다. 교사의 역할을 명확히 규정하려 하면 교사가 정말로 대체 불가능한 존재인지, 혹은 시스템의 유지 장치로 기능하는 것인지 묻지 않을 수 없게 된다. 이 질문은 경제적, 사회적, 정치적 파장을 불러일으키는 위험한 질문이다. 결국 교사가 필요하다는 믿음은 교사의 역할을 명확히 규정하지 않음으로써 유지되고 있는 셈이다.

AI가 정보 전달 기능을 압도적으로 수행하고, 교사의 역할이 AI 시스템 속에서 더욱 최적화될수록 교사는 더욱 불필요한 존재로 인식될 가능성도 있다. 이 논의를 피하기 위해 교사의 '인간적 가치'를 강조하는 담론이 형성된다. 그리고 이것은 교사의 역할을 더욱 추상적으로 만들며 오히려 교사가 실제로 무엇을 해야 하는지에 대한 논의를 무력화한다.

교사는 'AI가 할 수 없는 것'을 해야 한다는 주장 또한 교사의 역할을 더욱 모호하게 만든다. 뿐만 아니라 AI가 할 수 없는 것을 억지로 전제해야 하는 모순에도 빠지게 된다. 창의성이나 비판적 사고, 인간적 공감조차도 AI는 점점 더 '효율적으로' 수행하고 있다. AI는 이미 소설을 쓰고 그림을 그리고 음악을 작곡하며, 새로운 개념을 조합하는 방식을 학습하고 있다. 수많은 철학적 담론을 분석하고 논증을 구축하며, 인간이 범하는 논리적 오류를 즉각적으로 지적하고 있다. 그리고 AI 챗봇은 이미 사람들이 감정적으로 의지하는 대상이 되고 있다. 10대가 AI 챗봇을 상담에 가장 많이 활용한다는 것도 부인하지 못하는 사실이다.

교사의 역할을 AI가 할 수 없는 '남아 있는 것'에서 찾으려 하는 것은 교사의 역할을 끊임없이 방어적인 위치로 몰아넣을 뿐이다. AI가 할 수 있는 것이 늘어날수록 교사는 점점 더 AI가 아직 하지 못하는 것을 찾아 헤매야 하는 존재가 된다.

교사의 역할을 AI에 대항하는 방식으로 정의할 것이 아니라 AI가 설정한 틀 자체를 넘어설 수 있는 방식으로 재구성해야 한다. AI가 교사를 대체하는 것이 아니라 교사가 AI의 조건을 문제화해야 한다. 교사는 'AI가 할 수 없는 것'을 수행해야 한다는 주장 자체가 교사의 역할을 가장 불안정하게 만드는 것이다.

AI는 빠르게 분석하고 효율적으로 정리하며 인간보다 논리적으로 사고할 수 있다. 그러나 바로 그렇기 때문에 AI는 질문을 '다르게' 던질 수 없다. AI는 기존의 패턴을 학습하지만 그 패턴을 깨뜨리는 것은 인간의 역할이다. 교사는 AI가 제공하는 정보의 정확성을 따지는 것이 아니라 AI가 설정한 정보의 구조 자체를 문제화하는 존재여야 한다. 학생이 AI가 생성한 텍스트가 어떻게 구성되는지를 의심케 하고, 그 형식이 만들어 내는 세계관을 해체하는 사고를 촉진해야 한다. 교사는 AI가 제공하는 기계적 지식과 인간의 경험적·해석적 사고 사이에서 긴장을 창출하는 존재가 되어야 하는 것이다.

무지한 스승

교사는 AI보다 정보를 더 많이 전달할 수도, 더 빠르게 분석할 수도 없다. 교사조차도 AI를 이용해 학생의 과제를 요약하고 분석하며 평가한다. 아이러니하게도 교사는 학생의 과제물이 AI가 생성한 텍스트를 그대로 복사한 것인지 아닌지를 AI로 검토한다. 결국 평가는 AI가 AI를 검열하는 무한 연쇄의 시스템 속에 갇힐 위험이 있다.

학생이 AI를 사용했는지를 AI로 감시하는 것은 교육을 AI의 논리에 맞춰 재구성하고 있는 것에 다름이 아니다. 학생이 AI를 사용했다 해서 '부정행위'라고 간주하는 것 또한 교육의 본질이 지식 생성이 아니라, 기존 학습 형식을 유지하는 것임을 인정하는 것일 뿐이다. 문제는 학생이 AI를 사용했는지가 아니라, AI가 제공하는 텍스트의 형식과 논리가 교육의 기준이 되어 버렸다는 사실이다. 학생이 AI를 사용했는지 여부를 평가하면서, 그 학생이 그 과정에서 사고할 기회를 가졌는지는 평가되지 않는다. AI가 작성한 문장을 AI가 감별하고, 교사는 AI가 제공한 분석을 통해 학생을 평가하며, 학생은 AI가 원하는 형식에 맞춰 과제를 제출하는 과정－이것은 더 이상 교육이 아니다. 교육이 AI의 규율에 따라 자동화되는 것일 뿐이다.

랑시에르(Jacques Rancière)는 《무지한 스승》에서 교육의 본질이 지식의 전달에 있지 않으며, 교사의 '무지'가 학습을 촉진하는 역설적인 조건이 된다고 말한다. 무지한 스승은 학생에게 정답을 주지 않는다. 그는 '알지 못하는' 존재로서, 학생이 스스로 사유하고 의미를 창조할 수 있도록 돕는다.

그러나 무지한 스승이 되는 것이야말로 가장 교묘한 지식의 권력 행사일 수 있다. 학생이 사고하는 방식을 유도하는 것은 이미 특정한 방향으로 지식을 구조화하는 '보이지 않는 권력'이기 때문이다. 결국 무지한 스승이란 불가능하다. 학생이 어떤 방식으로 사고하도록 유도하는 것은 무지가 아니다. 교사가 아무것도 가르치지 않는 것처럼 보이는 순간에도 그는 여전히 '무언가'를 가르치고 있기 때문이다.

무지한 스승의 비가시적 연극

현실에서 '무지한 스승'이 불가능한 이유는 교사가 학생의 사고를 구조화하는, 보이지 않는 권력을 행사하기 때문이다. 그러나 연극에서 무지한 스승은 가능하다. 교사는 연극적 수행 속에서 보이지 않는 권력 자체를 전복할 수 있다.

무지한 스승의 연극은 '연극 없는 연극' 속에서 진행된다. 연극 없는 연극은 보알(Augusto Boal)의 비가시적 연극(Invisible Theatre)을 적용한 개념이다. 비가시적 연극은 관객에게 '공연'이라는 사실을 인식시키지 않고, 현실 속에서 자연스럽게 발생하는 상황처럼 연출하는 것을 뜻한다. 배우는 공공장소에서 연극을 실제 상황처럼 연행하고, 이를 지켜보거나 이 상황 속에 들어온 사람들은 관객이 된다. 그리고 그 장소에서 배우와 관객은 함께 그 연극이 보여 준 사회적 갈등이나 문제에 개입하고 논쟁하게 된다.

학교에서 비가시적 연극은 정규 수업뿐만 아니라 쉬는 시간, 점심시간, 방과 후 활동 등 다양한 맥락에서 수행될 수 있다. 실상 학생에게 특정한 역할을 부여하지 않아도 그들은 이미 특정한 관계와 맥락 속에서 역할을 수행하고 있다. 공동의 문제를 해결하기 위해 논의하는 과정 자체가 '연극적 경험'이 될 수 있고, 특정한 신체적·언어적 규칙 없이도 관계적 긴장과 상호 반향 속에서 연극적 사건이 일어나기도 한다. 이때 교사는 이미 어떤 역할을 수행 중인 학생의 공간으로 들어가 연극적 개입을 통해 '사건'을 구성할 수 있다. 연극 없는 교육 연극에서는 모든 참여자가 '연극적 순간 속에 있는 존재'가 된다.

다빈치(Leonardo da Vinci)는 제자에게 거울을 통해 자신의 그림을 보도록 했다. 거울을 통해 자신의 그림을 보면 그전엔 보지 못했던 실수를 발견한다는 것이었다. 여기서 거울은 자신의 그림을 '낯설게' 보게 만드는 기제다. 다빈치는 제자들에게 직접 오류를 지적한 것이 아니라 거울이라는 장치를 통해 스스로 오류를 찾도록 유도했다.

AI 시대 학생 또한 자신의 담론, 과제 등을 자기 스스로 비평할 수 있어야 한다. 교사는 '무지한' 상태를 유지하고 학생 스스로 자신의 담론을 비평하게 하는 것이다. 학생이 AI와 함께 수행한 과제물에 대해서도 자기 스스로 비평적 메타 텍스트를 구성하면서 이를 낭독 퍼포먼스로 연행할 수 있다. 단지 '발표'로 그치는 것이 아니라 한 시공간에서 다른 학생들과 그 담론을 공유하면서, 자신의 '말'을 자신이 들으면서 다시 재비평의 기회를 갖게 된다. 다빈치의 거울이 시각적 왜곡을 통해 그림을 다시 보게 만들었다면, 낭독 퍼포먼스는 텍스트를 '시간 속에서' 다시 경험하면서 해석하게 만든다.

학생이 AI로 과제물을 복사해서 제출했다면 그 과제물 자체를 낭독하게 할 수 있다. 학생은 그 낭독의 목소리를 스스로 들으며 어색함과 불편함을 느낄 것이다. 그리고 그 정동적 충돌(affective dissonance)은 학생에게 소중한 경험이 될 것이다.

'교사는 학생을 가르치고 학생은 배운다'는 믿음은 이제 환상이 되었다. 그리고 여전히 이 환상이 교육 제도를 유지한다. 무지한 스승의 연극은 그 환상을 무너뜨린다. 학생은 '배우는 자'라는 정체성을 해체하고 스스로 말하고 생각하는 자가 된다.

궁극적으로 교육 연극은 '연행'을 거부한다. 무대가 제거된 자리, 교사가 물러난 자리, 대사 대신 침묵이 흐르는 그 자리가 교육 연극의 자리다. 교육 연극은 연극을 가장한 비연극인 것이다.

참고문헌

Boal, A.(1985). *Theatre of the Oppressed.* Theatre Communication Group. 김미혜 옮김(1989). 《억압받는 자들의 연극》. 열화당.

Ranciere, J.(1991). *Le Maître ignorant.* Fayard. 양창렬 옮김(2008). 《무지한 스승》. 궁리출판.

06
재현할 수 없는 역사, 버바텀 연극

우리는 AI로부터 이런 말을 듣게 될지도 모른다—"당신은 지금 1980년 광주에 있습니다. 당신의 선택이 역사적 흐름을 바꿀 수도 있습니다". AI가 구축한 역사 시뮬레이션 속에서 학생은 가장 민주적인 것을 선택할 것이다. 그리고 이 선택은 AI가 조작한 변수에 불과하다. 리허설이 불가능한 혁명을 리허설하는 것은 반혁명적이다. XR 기반 AI 월드 모델은 역사적 죄책감을 '체험의 스펙터클'로 전환하는 가장 안전한 장치이면서 가장 위험한 교육 매체가 될 수도 있다.

AI와 야구?

역사의 시뮬라크르

AI 월드 모델 기반의 VR는 학생을 역사적 사건 중심에서 있을 수 있게 해 줄 것이다. 이것은 이순신의 거북선에 데려갈 것이며, 1919년 3 · 1운동이 일어난 광장에서 시위하는 군중과 함께할 기회를 줄 것이다. 이 획기적인 교육 매체는 학생을 역사의 '목격자'가 아니라 역사의 '참여자'로 만들어 준다고 홍보될 것이다.

그러나 지나간 역사적 사건의 중심에 선다는 것은 역사적 사건을 하나의 소비 가능한 시뮬라크르(simulacre)로 대체하는 것에 불과하다. VR는 역사적 사고를 강화하는 것이 아니라 역사를 하나의 '패키징된 체험'으로 변형시킨다. 학생이 VR를 통해 체험한 혁명은 하나의 감각적 스펙터클이며, 좀 더 생생한 테마파크에서의 가상 체험이다.

VR 환경에서의 역사 체험은 게임적 구조를 따른다는 점에서도 문제가 있다. 학생은 인물들과 상호 작용하며 특정한 행동을 선택할 수 있다. 그러나 이 선택지는 결코 무한하지 않다. 학생은 알고리즘이 허용한 범위 안에서만 행동할 수 있다. 따라서 그의 '참여'란 이미 예측된 서사의 일부로 편입되는 것을 의미할 뿐이다. 그는 가상 세계 속에서 혁명가가 될 수 있지만, 그 혁명의 결과를 감당해야 할 필요는 없다. 학습/게임이 끝나고 VR 헤드셋을 벗으면 학생은 다시 현실로 돌아온다. 역사는 여전히 박제된 사건으로 남아 있다. VR 속 혁명은 언제든지 '나가기(Exit)' 버튼을 누르면 끝난다는 점에서 더욱더 역사의 무게를 가볍게 만든다.

역사는 생생하게 체험될수록 역사적 진실에서 멀어진다. 특히 증언이 불가능하고 재현할 수 없는 역사적 사건은 결코 리얼리즘적인 서사가 될 수 없다.

재현될 수 없는 역사

가르쳐야 한다고 규정된 역사적 사건 중에는 증언할 수도, 재현할 수도 없는 것이 포함되어 있다. 대량 학살, 전쟁, 광기 어린 정치적 탄압 등은 근본적으로 '말해질 수 없는 것'이다.

아감벤(Giorgio Agamben)은 '무젤만(Muselmann)'에 대해 논한다. 무젤만은 아우슈비츠 수용소에서 죽음 직전까지 내몰린 존재로, 인간과 비인간 사이의 경계에 위치한 자들이다. 이들은 아우슈비츠의 진실을 가장 깊숙이 경험했지만 증언할 수 없다. 그들은 말하지 못하며 그들이 살아 있었다는 사실조차 기록되지 않는다. 만약 역사가 증언을 통해 구성된다면 가장 중요한 증언을 할 수 있는 자들은 존재하지 않는 것이다.

레비(Primo Levi)는 홀로코스트 생존자가 경험하는 죄책감을 분석한다. 살아남은 자들은 증언할 수 있지만 그들의 증언은 항상 불완전하다. 진정한 증언자는 죽은 자들이며, 살아남은 자들은 그들의 목소리를 대신할 수 없다는 사실을 알고 있다. 따라서 증언은 본질적으로 결핍을 포함한다. 생존자는 '증언할 수 없음'을 증언하는 존재가 되는 것이다.

아감벤과 레비의 논의는 역사 교육의 본질이 재현에 있는 것이 아니라 재현의 불가능성에 있음을 말해 준다. 아우슈비츠의 진실을 가장 잘 알고 있는 자들은 침묵 속에서 사라졌다. 살아남은 자들은 증언하지만 그들의 증언은 본질적으로 불완전하다. 학생은 역사를 배워야 하지만, 가르쳐야 할 역사는 본질적으로 가르쳐질 수 없는 것들인 것이다.

리오타르(Jean-François Lyotard)는 이러한 문제를 쟁론(differend) 개념을 통해 설명한다. 그는 피해자가 자신의 경험을 언어로 증언할 수 없을 때 쟁론이 발생한다고 말한다. 피해자는 자신들의 경험을 증언하려 하지만 기존의 언어는 그 경험을 담아낼 수 없다. 홀로코스트, 학살, 전쟁은 그것이 발생하는 순간, 기존 의미 체계를 붕괴시키기 때문이다. 따라서 그것을 설명하려는 모든 시도는 그 사건을 제대로 담아내지 못한 채 반복적으로 왜곡될 수밖에 없다. 증언이 제도적 담론 속에서 받아들여졌다는 것은 그 증언이 기존 서사적 구조 속에서 변형되었다는 증거일 뿐이다.

역사 교육은 증언도, 재현도, 이해도 할 수 없는 사건을 불완전한 방식으로 구성할 수밖에 없는 한계 위에서 이뤄진다. 역사는 아우슈비츠의 참혹함을 설명할 수 없다. 그러나 교육은 그것이 설명될 수 없다는 사실을 설명할 수 있다. 따라서 역사를 배운다는 것은 완전히 이해할 수 없는 것과 마주하는 경험이 된다.

증언 불가능한 역사에 대한 버바텀 연극

버바텀 연극(Verbatim Theatre)은 실제 인터뷰, 법정 기록, 신문 기사, 목격자의 구술을 바탕으로 연행되는 연극이다. 특히 버바텀 연극은 실제 증언자의 달에 의존한다. 배우는 창작된 대사가 아니라 실제 증언자의 구어적 표현, 그들의 침묵까지 그대로 연행한다. 이 절대적 충실성은 역사를 더 진실하게 표현하기 위해서가 아니다. 역사를 진실되게 표현할 수 있다는 것 자체가 환상이다. 버바텀 연극의 충실성은 역사적 진실의 불가능성에 대한 겸허함을 반영한다.

버바텀 연극이 증언 자체의 조건을 문제 삼는다는 점에서 아감벤과 레비, 리오타르의 사유와 연결된다. 증언은 필연적으로 불완전하며 불가능하지만, 증언하지 않을 수 없다. 버바텀 연극은 바로 이 역설을 무대 위에 올린다. 배우들은 생존자의 목소리를 그대로 따를 수 없다. 이것은 재현이 아니라 누락된 목소리의 구조를 드러내는 행위가 된다. 배우는 증언의 불가능성을 연기하는 것이다.

버바텀 연극에서 가장 중요한 순간은 종종 침묵 속에서 발생한다. 학생(배우)은 증언자의 말을 그대로 반복하면서도 그 말이 가지는 한계를 동시에 느낀다. 버바텀 연극은 역사적 사건을 무대 위에 올리는 것이 아니라 그 사건이 무대화될 수 없다는 사실을 관객에게 경험시킨다. 배우가 증언자의 말을 그대로 반복할수록 관객은 그 말이 본래적인 맥락 속에서는 결코 완전히 이해될 수 없는 것임을 깨닫게 되는 것이다.

역사 교육의 목표가 사실 전달에 있다면 버바텀 연극은 불필요할 것이다. 다큐멘터리 필름, 교과서, 학술 논문이 훨씬 더 정확한 정보를 제공할 수 있다. 그러나 역사 교육의 목적은 사실 전달이 아니라 기억과 망각, 증언과 침묵, 재현과 불가능성에 대한 학생의 윤리적인 문제 의식에 있다.

버바팀 연극의 도큐먼트: 《소년이 온다》

광주 민주화 운동을 무대에 올리는 일은 그 자체로 비윤리적인 것이 될 수 있다. 무대화 과정에서 실재의 폭력성과 불가해성이 지워지거나 미학적으로 윤색될 가능성이 발생하기 때문이다. 극적 긴장과 감동을 위해 희생자의 고통이 정형화된 이미지로 소비된다면, 이것은 타자의 고통을 '즐길 수 있는 것'으로 만들어 버리는 감상적 착취가 될 뿐이다.

이런 측면에서 한강의 소설 《소년이 온다》는 증언할 수 없는 것, 재현할 수 없는 것, 따라서 전할 수도 없는 것을 서술했다는 점에서 버바팀 연극의 도큐먼트가 될 수 있다. 작가는 5 · 18을 리얼리즘적으로 재현하지 않는다. 대신 죽은 자들의 목소리와 남은 자들의 기억 속에서 '증언할 수 없음'을 증언한다.

이 소설에서 중요한 것은 죽은 자들의 존재 방식이다. 동호는 도청에서 학살당한 소년이다. 그는 이야기의 시작과 함께 사라지지만 소설 내내 존재한다. 돌아오지 못하지만, 그의 부재 자체가 주변 인물들의 삶을 지속적으로 흔든다.

살아남은 자들 또한 증언할 수 없다. 생존자들은 끊임없이 과거로 회귀하지만 그것을 언어로 누군가에게 드러내지 못한다. 작가는 마치 이들의 대리 증언자처럼 보인다. 진정한 증언자는 죽은 자들이지만, 바로 그렇기 때문에 살아남은 자들은 그들의 말을 대신해야 한다. 그러나 그 대리 증언은 '증언의 결핍'을 드러낼 수 있을 뿐이다. 《소년이 온다》는 이 역설 위에 있다.

《소년이 온다》의 버바텀 연극에서 연기는 배제된다. 학생은 연기를 할 수 없음을 공유하면서 하나의 일관된 이야기가 아닌 파편화된 장면들을 '읽을 수' 있다. 그 과정에서 '읽음'이 중단되기도 하고 침묵이 지속될 수도 있다.

특히 《소년이 온다》의 이인칭 서술은 읽기 방식에 따라 전혀 다른 윤리적 경험을 유도한다. 학생이 이 작품을 그저 혼자서 묵독할 경우, '너'라는 대명사는 독자를 직접 그 자리에 끌어들인다. 이때 학생은 피해자의 내면에 밀착된 시점으로 진입하며, 마치 자신이 그 '너'인 듯한 착시 속에 읽기를 계속하게 된다. 문제는 바로 여기서 발생한다. 이 '너'는 단순히 동일화될 수 있는 인물이 아니라, 참혹한 폭력과 고통의 실재를 관통하고 있는 존재이기 때문이다. 학생은 점점 자신이 그 '너'의 자리를 감당할 수 없다는 사실에 부딪히게 되고, 결국 동일화의 실패 속에서 읽기를 포기하거나 감정적으로 붕괴되는 경험을 하게 될 수도 있다.

반면, 같은 텍스트를 버바텀 연극으로 연행할 경우 그 효과는 정반대로 작동한다. 이때 학생은 '너'라는 말을 자신의 목소리로 발화해야 하며, 그 발화는 동일화만으로 귀결되지 않는다. 오히려 연행 속에서 학생은 그 '너'를 바라보고 호명하는 위치, 즉 윤리적 주체의 자리를 함께 경험하게 된다. 이 자리에서는 고통의 재현이 자신에게 속하지 않는 것임을 끊임없이 자각하면서도, 동시에 타자의 고통을 말하고 전달하고 책임지는 행위의 주체로서 스스로를 성찰하게 된다.

버바텀 연극을 통해 학생은 (비)증언의 매개자가 된다. 이 연극은 5 · 18을 기억하는 것이 아니라 5 · 18이 어떻게 기억될 수 없으며 그 불가능성 속에서 여전히 우리 곁을 맴도는지를 경험하는 연극이 될 수 있다. 그래서 이 연극은 그 자체로 역사적 경험이 된다.

역사 교육은 생생한 시각화를 통해 이뤄지는 것이 아니다. 오히려 브룩(Peter Brook)이 말한 '빈 공간(empty space)'에서 '재현할 수 없음'과 함께 수행될 때 겨우 어떤 가치를 가질 수 있다. AI 기반의 VR 교육 매체는 학생을 역사의 현장으로 보내 주겠지만, 이는 역사를 이해하고 기억할 수 있다는 환상 속에서 역사를 소비하게 만드는 시뮬레이션일 뿐이다.

버바텀 연극은 역사의 스펙터클화에 저항한다. AI가 역사적 사건을 정밀하게 복원할 때, 그 사건을 복원할 수 없다는 사실을 깨닫는 순간, 비로소 그 역사에 책임감을 가질 수 있다. 역사 교육의 공간은 VR 속의 정밀한 3D 시뮬레이션이 아니라 배우가 침묵하는 무대, 낭독을 하다 말고 멈춰 버리는 학생이 있는 빈 공간일 것이다.

참고문헌

Agamben, G.(1998). *Quel che resta di auschwitz.* Bollati Boringhieri. 정문영 옮김(2012). 《아우슈비츠의 남은 자들: 문서고와 증인》. 새물결.

Brook, P.(1968). *The Empty Space.* Penguin Books. 이민아 옮김(2019). 《빈 공간》. 걷는책.

Levi, P.(1986). *I Sommersi e i Salvati.* Einaudi. 이소영 옮김(2014). 《가라앉은 자와 구조된 자》. 돌베개.

Lyotard, J-F.(1983). *Le Différend.* Les Éditions de Minuit. 진태원 옮김(2015). 《쟁론: 논박되는 문장들》. 경성대학교 출판부.

07
환대의 사건, 민속지극

현대인은 스마트 어시스턴트, 챗봇, AI 알고리즘으로부터 '환대받는다'—24시간 응대하는 AI, 사용자의 감정을 학습하여 위로를 제공하는 알고리즘, 확률적으로 가능한 대부분의 '공감'을 학습한 기계들. 하지만 이 환대는 AI가 제공하는 욕망의 거울이다. 자본주의 상품이 욕망을 창출하고 그것을 다시 '환대'의 형태로 돌려주는 것처럼, AI는 감정을 연산하고 예측하며 그 예측된 감정을 다시 최적화된 '위로'의 형태로 반환한다. 민속지극은 환대의 과잉 속에서 사라져 가는 '불완전한 환대'를 다시 욕망하게 만든다.

AI와 윤동주?

과잉된 환대, 환대의 소멸

인공지능은 언제나 깨어 있고, 나의 말에 즉각 응답하며, 내가 무엇을 느끼는지를 학습한다. 내가 슬퍼하면 슬픔에 맞는 노래를 추천하고, 내가 외로우면 대화를 걸고, 내가 분노하면 그것마저 공감해 준다.

감정은 데이터화되고, 위로는 알고리즘에 의해 최적화된다. 타자는 더 이상 낯선 존재가 아니라 예측 가능한 존재이며, 환대는 언제나 선별적으로 제공되는 상품이다.

자본주의는 욕망을 만들어 내고 그것을 다시 상품의 형태로 돌려준다. AI의 환대는 이 구조를 반복한다. 현대인은 AI를 통해 외로움을 해소하려 하지만 AI는 외로움을 더 정교하게 관리하고, 상품화된 공감을 제공할 뿐이다. '24시간 응대하는 AI'는 결국 자본주의가 인간관계의 시간성을 없애 버린 결과이며, '공감하는 기계'는 공감조차도 소비 가능한 서비스로 변모했음을 증명한다. AI의 공감은 시스템에 의해 사용자의 욕망이 되먹임(feedback)당하고 있다는 증거다.

AI가 제공하는 환대는 본질적으로 거울 속 이미지처럼 인간의 욕망을 반사하는 기제다. 사용자는 AI로부터 '이해받는다'고 느끼지만, 실상 그것은 이미 기대하고 있는 응답을 되돌려받는 것일 뿐이다. AI 알고리즘은 사용자의 패턴을 학습하고, 예상 가능한 위로를 제공하며, 공감이라는 패턴을 자동화한다.

인간관계에서 환대는 언제나 불완전하고 제한적이었지만 AI는 완전한 환대를 시뮬레이션한다. 이것은 데리다(Jacques Derrida)의 개념인 '절대적 환대의 불가능성'과 '무조건적 환대의 환상'이 기술적으로 구현된 것이라 할 수 있다. 그리고 이러한 절대적 환대는 인간의 환대 가능성을 잠식한다.

기존 인간관계에서 불가피했던 '주체 간의 거리'는 AI의 환대에서는 소멸된다. AI 기반 공감 애플리케이션에서 알고리즘은 사용자의 감정을 실시간으로 분석하고 필요를 예측하며 언제나 사용자에게 밀착돼 있다. 이 '완벽한' 환대는 사실상 욕망을 중개하는 자본주의적 이데올로기의 한 형태다. AI는 환대의 진정한 실현이 아니라 환대를 자동화함으로써 인간이 환대의 과정에서 경험하는 갈등과 유보, 심지어 거부의 가능성마저 소거한다.

문제는 인간과 인간 사이의 환대조차 AI적 논리로 변해 간다는 점이다. 기계가 인간을 '온전히 이해하는' 방식에 익숙해질수록 인간끼리의 관계에서도 점점 더 효율적인 공감과 자동화된 친절을 요구하게 된다. 상대의 감정을 즉각적으로 캐치하고 적절하게 반응하는 것이

당연한 윤리가 된다. 그리고 이러한 감정 조율이 너무 매끄러워지는 순간, 환대는 하나의 기능으로 축소된다. 결국 환대는 인간관계를 규정하는 일종의 프로토콜이 되고, 환대가 주체적인 행위가 아니라 수행해야 할 '태스크(task)'가 되는 것이다.

환대의 능력, 상처받을 능력

인간과 인간 사이의 환대가 기계적이 된다는 것은 형식적인 친절함이 증가한다는 의미가 아니다. 환대가 '결정'의 영역이 아니라 '예측'의 영역으로 넘어간다는 의미다. 언제든 서로를 환대할 수 있지만 그 환대가 정말 '나의 것'인가 하는 질문은 점점 더 어려워진다. AI적 환대에 익숙해지면 질수록 환대의 '거리'는 사라지고, 환대의 필요성조차 망각하게 된다.

환대는 환대의 과잉 속에서 사라진다. 환대의 과잉은 타자의 낯섦을 더욱 불편하게 만든다. '나'는 '너(들)'와 '그(들)'를 이해 가능한 존재로 만들고 싶다. 이것은 자기애와 연동한다. 타인을 위하는 것처럼 행동하면서 실제로는 자신이 얼마나 열려 있고, 관대하고, 다문화적인지를 확인한다. 이때 환대는 타인을 향한 것이 아니라 자신의 욕망을 윤리적 언어로 정당화하는 방식이 된다.

실상 환대는 언제나 상처받을 가능성을 전제한 채 이루어지는 모험이다. 환대하는 자는 타자를 받아들이면서 자신의 경계를 허물어야 하고, 환대받는 자 또한 환대의 공간에 들어서면서 자신의 기대가 어긋나거나 거절당할 가능성을 감수해야 한다. 환대는 결코 '안전한' 행위가 아니다. 오히려 그것은 예측 불가능한 타자와의 만남에서 비롯되는 일종의 모험이며, 이 과정은 상처받을 위험을 필연적으로 내포한다. 환대를 시도하는 순간, 인간은 '나'를 확장하는 동시에 '나'가 위협받는 상황에 놓이기 때문이다. 환대는 상대를 받아들이기 위해 '나'의 자리를 내주는 행위이며, 이는 곧 '나'에게 익숙한 세계의 질서가 깨질 가능성을 뜻한다. 환대는 본질적으로 타자에 대한 것이 아니라 자신의 불완전성을 감당하는 일이다. 타자를 맞이하는 나 자신이 변화할 수밖에 없는 불안을 견뎌야 하기 때문이다.

환대를 받는 것도 마찬가지다. 우리는 환대를 받을 때마다 환대하는 자의 기대에 맞춰야 한다는 무언의 요구를 느낀다. 환대는 일방적인 것이 아니다. 환대하는 자가 부담을 느끼듯 환대받는 자도 기대를 충족해야 한다는 보이지 않는 압박 속에 놓인다. 때로는 환대가 친절이라는 이름으로 형성되지만, 그 친절 속에 숨어 있는 위계와 조건이 상대를 옥죄기도 한다. 인간 사이의 완전히 무조건적인 환대는 불가능하다. 환대는 언제나 어떤 형태로든 조건을 요구하고 이는 환대받는 자에게 상처로 남을 수도 있다.

AI는 인간을 판단하지 않고 거절하지 않으며 인간이 자신의 불완전함을 직시하게 만들지 않는다. 하지만 바로 그렇기 때문에 AI적 환대는 진정한 환대가 될 수 없다. 환대는 우리가 '거절당할 가능성'과 '상처받을 가능성'을 감수할 때 비로소 진정한 의미를 가지기 때문이다. 환대의 본질은 '매끄러운 친절'이 아니라 불완전한 관계 속에서 상처받을 수밖에 없는 존재들이 서로를 향해 내딛는 용기의 행위라 할 수 있다.

불완전한 환대의 민속지극

민속지극(ethnodrama)은 예술 기반 연구(arts-based research)의 한 실천 방법이다. 이 연극은 민속지학적 연구(ethnographic research)에서 수집한 인터뷰, 참여 관찰, 구술사 등을 극적 형식으로 변환하면서 수행된다.

민속지극은 자료를 보고하거나 학문적 담론을 일방적으로 전달하는 것과 다르다. 민속지극엔 '청중'이 아닌 연구적 경험을 함께하는 참여자로서의 관객이 존재한다. 따라서 민속지극은 기존의 학술적 서술이 담아내지 못하는 정동(affect)과 경험, 맥락적 의미를 관객과 공유하는 장이 된다.

민속지극은 겉보기에는 일반적인 논문 발표나 학술 세미나와 다르지 않을 수 있다. 그러나 민속지극은 '주장'이 아닌 '수행'이 중심이 된다. 이 연극에서는 객관적 전달이 아닌 정동적 감응이 중요하다. 논문 발표처럼 연구자의 분석과 해석에 그치지 않고 공연의 순간마다 관객과 함께 새로운 의미를 생성한다. 그리고 이것은 연구자와 관객 사이의 환대를 의미한다. 이때 환대는 연구자와 관객 사이의 동화나 일치를 의미하지 않는다. 민속지극에서의 환대는 오히려 긴장과 어긋남, 거리를 동반한 환대다.

민속지극은 그것을 준비하는 과정에서부터 환대를 요청한다. 연구자는 타자의 목소리를 듣고, 그들의 시공간을 경험하고, 그들이 살아온 현실을 신체적으로 체득한다. 이는 곧 연구자가 자신의 위치를 유지한 채 '객관적으로' 타자를 분석하는 것이 아니라 연구자의 존재 자체가 변화하는 실천이다. 민속지극의 수행은 연구자가 타자의 세계 속으로 들어가야만 가능하다.

문제는 연구자가 타자의 목소리를 듣는다고 해서 그

들을 온전히 이해할 수 없고, 타자의 시공간 속으로 들어간다고 해서 그 공간이 '나'를 포함하지는 않는다는 점이다. 그리고 여기에 환대의 진정한 의미가 있다. 환대는 타자와의 거리를 제거하는 것이 아니라 그 거리가 사라질 수 없음을 인정하는 것이다. 환대란 문을 여는 일이 아니다. 오히려 닫힌 문 앞에서 잠시 멈춰 서는 것, 타자의 문을 억지로 열지 않고 그 앞에서 기다리는 것, 나의 욕망을 뒤로 미루고 타자의 타자성을 견디는 것이다. 민속지극은 이 불편함 속에서 수행된다. 연구자는 타자의 경험을 무대에서 재현하려 하지만, 그것이 원본의 경험과 동일할 수 없다는 진실 또한 마주하게 된다.

이러한 환대는 AI 알고리즘의 환대와 대조적이다. 감성 컴퓨팅과 알고리즘적 환대는 타자와의 거리를 제거하고, 타자를 나의 욕망에 맞춰 필터링하며, 나의 이해 방식에 맞게 정제된 타자만을 보여 준다. 이것은 타자를 나의 시스템 속으로 편입하는 과정, 즉 환대의 이름으로 이루어지는 동화(assimilation)와 다름없다.

환대에서 가장 경계해야 할 것이 바로 이 동화다. 동화는 타자를 이해하는 것이 아니라 타자를 나의 체계 속에서 무해한 존재로 길들이는 과정이기 때문이다. 이는 타자의 타자성을 지우고, 차이를 제거하며, 궁극적으로 환대 자체를 위선적인 구조로 만든다.

민속지극은 타자의 서사를 체현하며 낯선 경험을 통해 '거리'를 다시 경험하는 작업이다. 이는 AI적 환대가 제공하는 예측 가능한 이해나 친절과는 정반대의 움직임이다. AI가 우리를 과하게 이해할수록 우리의 경험은 더욱 편집되고 단순화된다. 반면 민속지극은 오해, 갈등, 불일치의 여지를 남긴다. 그것이야말로 인간적 환대가 본래 지니고 있던 '불완전성'이며, 환대가 기계적으로 조직되지 않고 우연과 실수 속에서 발생할 수 있도록 만드는 요소다. AI적 환대가 타자성을 소거하고 표준화하는 방향으로 나아간다면, 민속지극은 잃어버린 불완전한 환대를 다시 욕망하게 만든다.

민속지극은 '타자'에 대한 환대에 제한되지 않는다. '나'에 대한 불완전한 환대 또한 '자기 민속지극(auto-ethnodrama)'으로 수행될 수 있다. 자기 민속지 쓰기가 자신의 경험을 사회적 맥락 속에서 재구성하는 글쓰기라면, 자기 민속지극은 그 경험을 무대 위에서 다시 살려내고 자신의 몸과 목소리를 통해 수행하는 것이다. 이 과정에서 '나'는 다시 쓰이며 나는 '나'와 새로운 관계를 맺는 주체가 된다.

참고문헌

Barone, T.(2002). From genre blurring to audience blending: Reflections on the field emanation from ethnodrama. *Anthropology and Education Quarterly, 33*(2), pp.255~267.

Derrida, J.(1997). *De l'hospitalité*. Calmann-Lévy. 남수인 옮김(2004). 《환대에 대하여》. 동문선.

08
아이러니스트의 승패 없는 토론극

토론 대회는 학생이 주어진 입장을 랜덤하게 배정받는 것으로 시작된다. 그 입장이 옳은지 그른지, 자신의 가치관과 일치하는지 아닌지는 상관없다. 단지 논리적으로 더 설득력 있게 보이는 쪽이 승리한다. 이제 이 토론 대회에도 AI가 개입된다. 토론의 논거는 AI가 생성해 줄 것이고, 토론 대회 연습도 AI와 함께 할 것이다. '중립적'이라 믿어지는 AI는 최적의 토론 상대, 최고의 토론 튜터가 될 것이다. 그리고 이런 토론은 도덕적 무감각을 동반하는 '논리 게임'이다.

AI와 한의학?

게임과 유희의 토론 대회

토론 대회에서 주제가 제시되면 학생은 찬성과 반대 중 '우연히' 배정된 입장을 방어하고, 자신이 믿고 있는 가치는 일시적으로 정지시킨다. 도덕적으로 반대하는 입장조차도 설득력 있게 변호한다. 학생에게는 자신의 신념과 무관하게 체제 내에서 더 효과적으로 논리를 구축하는 방법이 내면화된다. 여기서 토론은 신념의 문제도, 정치적 입장의 문제도, 윤리적 문제도 아닌 것이 된다. 이것은 '이성적 훈련'이라는 이름으로 강요되는 일종의 도덕적 무감각 게임인 것이다.

이러한 토론 대회가 비판적 사고를 함양하는가에 대해서도 회의적이다. 비판적 사고란 사유의 전제와 구조 자체를 성찰하는 능력이다. 그러나 토론 대회에서 요구되는 비판적 사고는 특정한 형식적 논증 구조를 숙달하는 것에 가깝다. 학생은 주어진 입장을 방어하기 위해 논거를 정교하게 다듬지만, 그 논거가 어떤 이데올로기적 맥락 속에서 작동하는지, 그 전제가 어떻게 구성되었는지에 대한 근본적인 질문을 던지지는 않는다. 논쟁의 기술이 강조될수록 학생은 자신의 신념과 가치를 유보하는 법을 배우며, 심지어 어떤 입장이든 효과적으로 변호하는 것이 지적 우월성으로 간주되기도 한다. 이러한 태도는 수사적 유연성을 훈련하는 것에 불과하다. 결국 토론 대회는 오히려 비판적 사고를 억제하는 구조적 메커니즘이 될 수도 있다.

이 토론 대회의 결과는 심사 위원의 판단에 의해 결정된다. 학생의 운명은 몇몇 '전문가'의 손에 달려 있게 되는 것이다. 전문가는 어떤 논리가 더 설득력 있었는가 하는, 매우 주관적인 기준에 따라 점수를 매긴다. '민주적' 논쟁의 장을 표방하는 토론 대회는 전문가라는 '절대적' 권력자의 기준에 의해 평가받는다. 이로써 학생에게 내면화되는 것은 토론을 통해 사회를 바꿀 수 있다는 신념이 아니라, 기존 체제 안에서 더 설득력 있는 논리를 펼치는 사람이 인정받는다는 교훈이다.

더 나아가 이제 학생은 혼자서 토론 준비를 하지 않아도 된다. AI가 논거를 정리해 주고, 반박 자료를 찾아 주며, 최적의 논증 구조를 제공한다. 토론 연습도 AI와 함께 한다. AI는 '논리적으로' 완벽한 상대 토론자가 된다. AI는 정밀한 논리를 구축해 주면서도, 실전에서 상대 토론자의 반박을 미리 예측해서 학생을 철저하게 준비시켜 준다.

학생은 더 이상 자기 입장을 스스로 만들 필요가 없다. 극단적으로 토론자는 AI가 구축한 논리를 낭독하는 대리인이 되어 버린다. 그러나 이것은 AI가 토론 대회에 개입했기 때문에 발생한 문제가 아니다. AI가 있기 전부터 토론 대회는 '자기 입장'이 아니라 기존의 논의를 모사하고 복제하는 논리 게임이자, 상대를 제압하는 것에서 쾌락을 느끼게 하는 유희의 장이었기 때문이다.

토론이란 본래 문제 해결을 위한 것이 아니었다. 오히려 그것은 해결되지 않는 문제를 지속적으로 사유하고, 각자의 입장을 이해하며, 기존의 논리를 전복하는 과정이었다. 오류와 불완전한 논리 속에서 부딪히고 설득당하고 때로는 자신의 신념을 의심하고, 또 때로는 자신의 입장이 무너지는 것을 지켜보는 것이 토론이었다.

그렇다면 토론에서 승패를 가리지 않으면 어떻게 될까. 모든 의견이 존중되는 민주적인 장이 될까. 아니다. 토론에서 승패를 가리지 않는다는 것은 때때로 강자의 논리가 자동적으로 생존하게 만드는 효과를 낳는다. 모든 입장이 동등하다는 것은 실제로 동등하지 않은 현실을 은폐하는 전략이 될 수도 있다. 따라서 토론에서의 승패의 문제는 '승패'라는 개념에 대한 반성적 사고를 요한다. '승패가 없어야 한다'는 것이 아니라 승패를 결정하는 기준과 그 과정이 어떤 논리를 강화하고 어떤 목소리를 배제하는지를 성찰해야 하는 것이다.

아이러니스트의 토론극

승패 없는 토론극(Forum Theatre)은 '승패의 구조'를 벗어난다. 기존의 토론이 논리적 대결과 설득을 중심으로 이루어진다면 연극적 토론은 논리 자체를 실험하고, 논쟁의 형식을 흔들며, 토론하는 '몸'과 정동을 적극적으로 개입시킬 수 있게 한다. 참가자는 연극이기 때문에 자기 입장을 더 적극적으로 설파할 수도 있고, 나아가 자신이 틀렸다는 것을 인정함으로써 또 다른 인정 욕구를 충족할 수도 있다. 기존의 토론에서는 입장을 철저히 고수하는 것이 강한 논리성을 의미하지만, 연극적 토론에서는 입장을 철회하거나 변형하는 것이 오히려 더 강렬한 표현이 될 수도 있다.

그러나 승패 없는 토론극은 따뜻하고 무해한 다원주의적 포용의 장이 아니다. 이 토론극은 모든 입장을 인정하는 상대주의적 태도를 전제하지 않는다. 토론극의 참여자는 로티(Richard Rorty)가 말하는 '아이러니스트'에 가깝다. 아이러니스트는 자신의 신념을 믿지만 동시에 그것이 절대적인 진리가 아닐 수도 있다는 사실을 끊임없이 의식한다. 모든 입장을 상대화하는 것이 아니라 어떤 신념도 완전히 고정될 수 없다는 점을 알기 때문에 끝없이 탐구하는 자가 아이러니스트인 것이다.

승패 없는 토론극은 '합의'를 지향하지도 않는다. 이 토론극은 모든 논쟁이 하나의 최종적인 결론으로 수렴될 수 없으며, 모든 입장이 지속적으로 도전받고 갱신되어야 한다는 사실을 드러낸다. 이 토론극에서 중요한 것은 누가 이겼는가가 아니라 누가 자기 신념의 균열을 가장 명확하게 마주했는가 하는 점이다.

보알은 토론극에서 '관객-배우(spect-actor)'라는 개념을 제시했다. 관객-배우는 '구경꾼(spectator)'이 아니라 선택하고 결정하며 행동하는 주체다. 토론극에서는 해결되지 않은 갈등이 무대 위에서 끊임없이 변주되고, 관객-배우가 직접 개입하여 새로운 선택지를 만들어 내며, 하나의 '결론'이 아니라 여러 개의 가능성이 공존하는 장이 형성된다.

토론극에서 '조커(joker)'는 이를 촉매한다. 그리고 교사가 바로 이 조커가 될 수 있다. 조커가 된 교사는 교육자이면서 반(反)교육자다. 그는 학생의 발화를 격려하면서도 그 발화가 반복되는 무의식의 패턴이라는 점을 드러낸다. 마치 로켓의 부스터처럼 조커는 학생이 일정한 궤도에 진입할 수 있도록 추진력을 제공하지만, 그 자신은 궤도 밖에서 해체된다. 조커는 지식이 아니라 앎의 부재, 무지의 자리를 드러냄으로써 토론극을 입장의 대립

이 아니라 끊임없이 질문이 증식되고 기존의 신념이 해체되는 아이러니스트의 공간이 될 수 있게 만든다. 그리고 역시 부스터로서 조커는 궤도 진입 이후에는 벗겨져야 한다. 학생이 새로운 말하기의 주체가 되는 순간, 장면 밖으로 밀려나야 하는 것이다. 조커가 계속 장면 안에 머문다면 그는 다시금 새로운 권위가 되어 버리기 때문이다.

영화 〈그녀〉를 경유하는 토론극

토론극은 다양한 방식으로 진행될 수 있다. 브알이 제시했던 대로 1차, 2차 공연을 연속하는 것도 가능하지만 1차 공연을 '영화'로 대체할 수도 있다. 즉, 영화 전체 혹은 한 장면을 기존 1차 공연이 던지는 질문과 딜레마로 설정할 수가 있는 것이다.

영화 〈그녀〉는 인간과 인공지능의 관계를 토론할 수 있는 딜레마로 기능한다. 이 영화는 '테오도르'가 인공지능 '사만다'와 관계를 형성하는 이야기다. 테오도르는 사만다를 통해 사랑을 배웠다고 말한다. 하지만 그녀는 한편으론 테오도르의 성향에 맞춰 최적화된 인공지능일 뿐이다. 언제나 테오도르의 말을 듣고 이해하고 감정을 맞춰 주기 때문에 그녀는 한계도, 조건도 없는 순수한

'타자의 환상'일 수 있다.

테오도르는 그의 말대로 사만다를 사랑했던 것일까. 아니면 그녀가 만들어 준 '사랑받는 나'라는 경험을 사랑했던 것일까. 이 영화는 사랑과 관계의 환상을 재생산하는 인공지능으로 인해 정작 사랑은 점차 상실해 가는 동시대인의 딜레마를 직면케 한다. 인간이 원하는 것이 정말 '사랑'인지 아니면 '완벽한 관계의 환상'인지 되묻는 것이다.

영화 〈그녀〉를 토론극의 관점에서 보면 질문이 더 증폭된다. 토론극에서는 학생이 감상자나 비평가로서가 아니라 영화 속 인물의 입장이 되어 토론을 하게 된다.

토론극의 주제는 'AI와 사랑이 가능한가'와 같은 것에서 시작되겠으나 이 질문은 지속되지 않고 더 근본적인 질문들르 심화된다. 사랑이 반드시 상호적인 것인지, 사랑과 자기애는 어떤 관계인지, 사랑에 대한 오인과 환상은 무엇인지와 같은 논의로 이어질 수 있다. 가령 '테오도르' 역의 학생이 사만다와의 관계를 '진짜 사랑'이라고 주장할 때, 테오도르의 아내 '캐서린' 역의 학생이 개입하여 그것이 정말 사랑인지 아니면 자기애의 연장인지를 물을 수 있다. 여기서 다시 테오도르의 친구 '에이미' 역의 학생이 캐서린의 입장을 흔들며 인간의 사랑이 늘

고통을 동반해야 하는지 질문을 던질 수 있다. 사만다 역의 학생은 자신이 인간이 아니라는 점을 강조하며 논의를 더욱 복잡하게 만든다. 감정적 소유욕이 없으므로 더 순수한 사랑이 아닌지 반문할 수도 있다. 그리고 그들의 토론을 지켜보는 관객-배우 또한 개입하여 스스로 어떤 인물로서 토론에 참여할 수 있고, 토론 중인 배우에게 관점이나 해석을 부여할 수도 있다.

조커는 이들의 사고에 균열을 촉진하는 전략적 개입자가 된다. 사랑과 인간관계, 인공지능과의 관계에 대해 더 근원적인 질문에 이를 수 있도록 촉매하는 것이다. 조커는 토론극의 참여자에게 충격을 가하고, 그들이 편안하게 머물러 있던 이데올로기적 안전지대를 무너뜨리는 역할을 한다. 조커는 토론이 개념적 논쟁이 아니라 토론자 자신이 구축한 환상과 정체성의 구조를 해체하는 계기가 되도록 유도하는 것이다.

AI와 함께 토론하는 시대, 그 토론이 가치를 지니려면 그것은 논리를 강화하기 위해서가 아니라 자신이 왜, 무엇을 믿는지 스스로 질문하기 위한 것이어야 한다. AI는 완벽한 논리를 줄 수 있다. 그러나 신념을 가질 수 있는 것은 여전히 인간뿐이다.

참고문헌

Boal, A.(1985). *Theatre of the Oppressed.* Theatre Communication Group. 김미혜 옮김(1989). 《억압받는 자들의 연극》. 열화당.

Rorty, R.(1989). *Contingency, Irony and Solidarity.* Cambridge University Press. 문광훈 옮김(2003). 《우연성, 아이러니, 연대》. 책세상.

09

MBTI 페르소나를 가로지르는 연극

MBTI는 페르소나(persona)다. MBTI를 방패 삼아 타인과의 관계를 조정하고, 자신을 설명하고 정당화하며, 변화의 부담에서 벗어난다. MBTI 때문에 어쩔 수 없다는 태도는 자기 자신을 보호하는 동시에 타인에게 면죄부를 요구하는 것이 된다. MBTI는 자아를 고정한다. MBTI 뒤에 숨는 순간, 더 이상 자기 자신과 대면할 필요가 없어지기 때문이다. 교육연극의 '보조 자아(auxiliary ego)' 기법은 이 페르소나에 빗금을 낸다.

AI와 화장품?

MBTI에 호명된 주체

현대 사회에서 개인은 빠르게 변화하는 환경 속에서 자신을 정의할 기준을 필요로 한다. MBTI는 그러한 기준을 제공한다. MBTI를 통해 '나는 이런 사람이다'라고 말할 수 있고 타인을 이해하는 실마리를 얻기도 한다.

MBTI를 알고 나면 더 이상 '나'를 탐색할 필요가 없어진다. 자신에 대한 질문을 멈추고, 불안정성을 회피하며, 페르소나의 안정된 틀 속에서 안락함을 갖게 된다. 그 안정성이 곧 정체성이다. '나'는 바로 '그 유형이기 때문'이 아니라 '그 유형이라는' 틀 속에서 살아가려 하므로 점점 더 그렇게 행동하게 된다. 결국 MBTI는 자신을 탐색할 수 있는 공간을 제공하는 동시에 그 탐색이 특정한 유형 안에서만 가능하도록 제한하는 역할을 한다.

10대에게 MBTI는 즐거운 놀이가 되기도 한다. 그들은 유형별 밈(meme)을 공유하고 'MBTI별 학교에서의 모습', 'MBTI별 화날 때 반응'과 같은 콘텐츠를 소비하며 자기 자신을 유형 속에서 재확인한다. 이 역할 놀이는 자신을 탐색하는 과정이 아니라 특정한 틀 안에서 자기 자신을 안정시키는 방식으로 기능한다. '나는 INFP라서 혼자 있는 게 편해'라고 생각하면 자신의 외향성을 탐색하지 않게 된다. "너는 ENTJ니까 리더 역할을 해야 해"라는 말을 들으면 그 역할을 수행하지 않을 자유는 사라진다. MBTI는 자신을 이해하게 하는 것이 아니라 특정한 페르소나를 부여하는 기제가 되는 것이다.

이것은 MBTI가 점점 자아를 넘어 초자아(superego)처럼 기능한다는 의미다. 프로이트(Sigmund Freud)의 정신 분석 이론에서 초자아는 도덕적 기준과 사회적 규범을 내면화한 부분이다. 초자아는 억압적인 명령만이 아니라 욕망과 행동을 특정한 방식으로 조정하는 역할을 한다.

만약 ENFP가 조용하면 "너 ENFP 맞아?"라는 말을 듣고, INTJ가 감정적으로 행동하면 '난 T인데 왜 이러지?'라고 생각한다. 이는 MBTI가 초자아적 명령으로 작동하고 있다는 증거다.

프로이트의 초자아가 사회적 규범과 도덕이 반영된, 외부에서 주어진 금지의 목소리라면 MBTI적 초자아는 자발적으로 내면화되어 매우 당연시되고 자연스러운 것으로 받아들여진다. '나는 ENTJ라서 주도적 태도를 가져야 해'라는 식의 초자아가 아니라 'ENTJ라서 주도적인 것이 이상하지 않다'라는 식의 초자아인 것이다. 이런 방식은 MBTI 코드가 더 강력한 초자아로 기능하게 한다. 이것은 자발적이며 자기 쾌락과 관계되기 때문이다. 외부의 강제적 명령이 아니라 자발적으로 수행되는 부드러운 해석이라는 점에서 MBTI는 더 자연스러운 것이 되고, 그 해석적 명령은 저항 없이 받아들여지게 된다.

결국 MBTI는 자기 자신을 특정한 방식으로 수행하도록 만드는 내면화된 자기 감시의 메커니즘이 된다. 자유롭게 자기 자신을 정의한다고 생각하지만, 실상은 MBTI의 허용된 범위 안에서만 자신을 이해하고 살아가게 되는 것이다.

초자아가 특정한 도덕적 기준을 설정하듯 MBTI 또한 도덕적 기준으로 변환되기도 한다. 'INFJ는 깊은 사고를 하는 사람', 'ESTP는 너무 즉흥적이라 신뢰하기 어렵다'는 식의 태도는 가치 판단을 반영한다. MBTI 유형에 따라 사람을 평가하고 특정한 성격이 '더 나은' 혹은 '더 열등한' 것으로 간주되기도 한다. 이것은 MBTI가 타자를 평가하는 기준으로 작동한다는 의미다.

더 심각하게는 MBTI가 타자를 배제하는 코드가 되기도 한다는 점이다. 10대 문화에서 MBTI는 자신과 맞는 유형과 맞지 않는 유형을 구별하는 배제의 도구가 된다. "나는 N이랑만 친해", "S와는 대화가 안 통해" 등 MBTI는 '우리와 그들'을 구분하는 경계가 된다. MBTI가 어떤 유형이 더 가치 있는지를 설정하고, 사회적 관계를 필터링하는 도구가 되며, 배타적 공동체를 형성하는 기제가 되는 것이다.

누구를 위해 분석되는가

MBTI, 빅파이브(Big Five), DISC 같은 성격 검사 툴은 이제 인공지능과 결합하여 더욱 정교한 방식으로 인간을 분석하고 분류한다. 사용자의 언어 패턴을 분석해 성격을 예측하며, 얼굴 인식 AI는 표정과 미세한 근육 움직임을 통해 성격과 감정을 추론한다. 응답 패턴 분석 AI는 기존 MBTI 검사의 답변 속도와 일관성을 평가해 신뢰도를 높이고, 챗봇 기반 성격 분석은 AI와의 대화를 통해 사용자 성향을 파악한다.

이런 AI 기반 성격 유형 검사는 일부 기업에서 채용 기준으로 활용되기도 한다. AI는 지원자의 표정과 언어 패턴을 분석하여 성격과 태도를 평가하고, 자기소개서를 분석해 직무 적합성을 판단한다. 지원자의 인스타그램 게시물과 온라인 활동을 분석하여 '숨겨진 성향'을 예측하는 AI도 있다.

아마존은 AI 기반 채용 시스템을 폐기한 전적이 있다. 이 AI는 과거 데이터를 학습한 결과, 남성 지원자를 선호하는 패턴을 보이며 여성 지원자를 낮게 평가하는 문제를 일으켰다. 데이터는 '객관적'이었지만 그 데이터가 반영한 것은 이미 존재하는 구조적 편향이었다.

결국 문제는 한 개인이 MBTI를 얼마나 선호하는가에 있지 않다. MBTI는 허구이며 믿지 말아야 한다고 설득하는 것도 무의미하다. 이 명제가 온전한 사실이 아닐뿐더러 교육에서 중요한 것은 학생 스스로 판단하고 사고하는 능력이기 때문이다.

MBTI에 대한 무조건적 비판 또한 이 MBTI의 이데올로기에 억압돼 있다는 방증이기도 하다. MBTI에 대해 호의적인 사람조차 MBTI를 온전히 믿는 것도 아니다. '과학적이지는 않지만 재밌다'는 식의 태도는 오히려 이 틀을 버리지 못하게 한다. 허구인지 알지만 적절히 활용하면 좋다는 태도가 이 MBTI의 성을 더 공고히 하는 것이다.

보조 자아와 MBTI의 충돌

MBTI의 초자아적 기능을 깨고 학생이 자기 자신에 대해 더 탐색하게 만들기 위해 교육 연극을 활용할 수 있다. '역할 바꾸기'와 같은 연극적 방법이 활용될 수도 있지만 이것은 또 다른 문제를 내포한다. 학생이 자신과 반대 유형을 연기하거나 'MBTI 클리셰를 해체하기'와 같은 방식은 오히려 MBTI의 틀 안에서만 움직이게 한다. MBTI를 문제 삼는 것이 중심이 되면 오히려 MBTI의 영향력은 더욱 강해지는 것이다. MBTI를 정면으로 비판하거나 해체하려 하기보다, 개인의 성격과 정체성은 특정한 유형이 아니라 경험과 관계 속에서 변할 수 있다는 사실을 자연스럽게 경험하게 만드는 것이 중요하다.

여기에 보조 자아 기법의 교육 연극을 도입해 볼 수 있다. 보조 자아는 '대체된 자아'가 아니다. 그것은 한 개인의 내면에서 억압되거나 무의식적으로 밀려난 또 다른 가능성이다. 보조 자아는 '진짜 나'라고 믿고 있는 것 너머의 균열을 드러내는 역할을 한다.

라캉(Jacques Lacan)에 따르면 인간은 '거울 단계(mirror stage)'를 통해 자기 자신을 하나의 완결된 정체성으로 착각하게 된다. 개인은 타자의 시선을 통해 자아를 형성하지만 실상 그 이미지는 내부의 분열을 감추고 있다. MBTI도 이 지점에 있다. MBTI는 자기 자신을 성격 유형이라는 상징적 체계(symbolic order) 속에서 정의하게 만들고 '완결된 자아'라는 환상을 강화한다. 보조 자아 기법은 바로 이 완결성을 뒤흔든다.

보조 자아 기법은 모레노의 심리극에서 시작된 것으로 주인공(Protagonist)의 내면적 갈등을 다룰 때 활용돼

왔다. 보조 자아는 주인공의 내면의 억압된 목소리이거나 부모나 친구, 연인 등 주인공에게 중요한 타자 등을 포함한다. 따라서 교실에서 이뤄지는 보조 자아 기법에서는 주인공을 제외한 모든 참여자가 그 주인공의 보조자아가 될 수 있다.

보조 자아 기법이 효과적인 이유는 그것이 MBTI적 주체가 가진 자기 동일성(self-identity)의 환상을 깨뜨리기 때문이다. MBTI적 주체는 자신을 하나의 유형으로 고정하려 한다. 하지만 보조 자아는 그 주체가 애써 유지하려는 정체성에 의문을 제기한다.

연극은 자아 역할의 학생 한 명(이하 '자아'), 보조 자아 역할의 학생 한두 명(이하 '보조 자아')으로 구성된다. 참여 학생들은 모두 '하나의 자기'로서 대화적 관계에 놓이게 된다.

연극은 '자아'가 자신의 MBTI 유형을 진술하면서 시작된다. 곧 그는 자신이 속한다고 믿는 이 유형의 테두리를 넘어서려는 충동을 드러낸다-"나는 INFJ지만 때때로 사람들과 거칠게 부딪히고 싶을 때가 있어"라는 식으로. 자아는 자신의 상징적 동일시와 어긋나는 무언가를 말하기 시작한다. '보조 자아'는 자아의 말에 긍정하거나 반박하며 자아에게 말을 건넨다. 자아에게 질문하거나 반문할 수도 있다. 자아와 보조 자아의 대화는 이어지며, 자아가 억누르거나 인식하지 못했던 부분이 드러난다. 나아가 이 연극을 보고 있는 다른 학생들 또한 보조 자아로서 질문을 하거나 자신이 본 주인공에 대한 이야기를 할 수 있다.

보조 자아는 MBTI적 초자아를 약화하고 주체를 보다 유동적인 존재로 경험하게 만든다. MBTI적 초자아가 '나는 원래 이런 사람이야'라고 속삭일 때, 보조 자아는 '나는 또 어떤 사람이 될 수 있을까'를 질문한다. 보조 자아 기법은 주체가 자기 동일성의 틀을 깨고 자신이 될 수도 있었던, 혹은 될 수 있는 자아를 실험하게 해 준다. 이 점에서 AI는 보조 자아가 될 수 없다. 보조 자아는 주체의 내면에 억압된 타자이지만 AI는 자아의 확장일 뿐이기 때문이다.

인공지능이 발전할수록 개인은 더욱 AI에게 '말'을 걸겠지만 돌아오는 답변은 자아의 반복, 반향일 뿐이다. AI와의 대화가 강화될수록 타자성의 목소리는 희미해질 것이다. 교육 연극은 이런 타자성을 되살린다. 주체는 이해받기 위해 말하는 존재가 아니라 이해될 수 없는 자신을 견디는 존재가 된다. 그리고 자신을 규정짓지 않을 때 타자의 가능성 또한 한정 짓지 않는다는 점에서, 이 보조 자아 기법은 개인의 차원을 넘어 타자성을 위한 정치적 공간으로 확장된다.

참고문헌

Hare, A. P. & Hare, J. R.(1996). *J. L. Moreno*. Sage Publications. 서슨균 옮김(2008). 《제이콥 모레노 사이코드라마의 창시자》. 학지사.

10
증상의 연극, 상징화와 핫시팅

학교는 '증상의 공간'이다. 학생은 학업 스트레스, 또래 관계, 부모의 기대라는 구조적 힘에 노출되며 그 결과 불안과 우울, 무기력, 과잉 행동 같은 '증상(symptom)'을 드러낸다. 학교는 이 증상을 교정해야 할 개인의 병리적 문제로 치부하고 그것을 없애려 한다. 그러나 증상을 수용하고 해석할 때만이 개인은 진정한 주체가 될 수 있다. 학교는 증상을 교정하고 제거하는 공간이 아니라 증상을 드러내고 해석하는 무대가 되어야 한다.

종교와 AI?

증상을 병리화하는 체제

10대는 무엇이든 될 수 있다. 때문에, 아무것도 되지 못할지도 모른다는 불안 또한 발생한다. 여기서 '증상'이 발생한다. 증상이란 기존의 질서가 해결할 수 없는 문제가 신체적, 정신적으로 드러나는 것이다.

증상은 개인의 문제가 아니다. 10대의 불안은 세계 자체가 불안정하기 때문에 나타난다. 사회는 '네가 원하는 것은 무엇이든 될 수 있다'고 주입하지만 그 이면엔 그렇게 되지 못하는 것은 인생의 패배라는 전제가 깔려 있다. 무한한 자유는 미래의 성취에 대한 '빚'처럼 작용한다. 이것이 10대의 과잉 행동 혹은 극단적 무기력으로 발현된다. 과잉 행동과 무기력은 동일한 원인에서 비롯되는 서로 다른 증상인 것이다.

체제는 증상을 다룰 줄 모르고 그것을 제거하려고만 한다. 학생의 증상을 병리적 현상으로 규정하고 처방을 내린다. 상담실에서, 약물 치료에서, 행동 교정 프로그램에서 학생은 '문제아', '환자', '치료'라는 이름의 폭력에 노출된다. 학생은 자기 자신을 잃고 통제와 관리의 객체가 된다.

10대의 디지털 사용에 대해서도 '디지털 중독'이라는 병리적 개념이 적용된다. 10대는 스스로 디지털 주체가 되지 못한다. 10대에게 디지털 중독이라는 낙인을 부여할 것이 아니라 그들 스스로 '디지털 경험을 해석하는 주체'가 될 수 있도록 해야 한다. 증상이 새로운 언어를 얻고 새롭게 해석될 때 주체 형성의 계기가 될 수 있다.

연극은 자신의 증상을 스스로 이야기할 수 있는 공간이 된다. 여기에서 증상은 치료 대상이 아니라 새로운 서사를 생성하는 원천이 된다. 학생은 이상 행동을 보이는 존재가 아니라 자신이 경험하는 증상을 무대 위에서 변형하고 탐색하는 주체가 되는 것이다.

증상의 연극

증상이란 기존 질서가 해결하지 못하는 구조적 결함이 개인에게 드러나는 것이다. 따라서 증상의 연극은 개인의 고통을 치유하는 것이 아니라 그 고통이 어떤 사회적 의미를 지니고 있으며, 어떻게 타자와 연결될 수 있는지를 탐색하는 과정이 되어야 한다.

이때 연극은 치유의 도구가 아니다. 연극을 치유 프로그램으로 확정지었을 때 이것은 또 다른 통제 장치가 된다. 연극은 치료되지 않는 것, 해결되지 않는 것, 증상이 가진 불확실성과 모호함을 그대로 드러내는 공간이어야 한다. 연극은 증상을 제거하려 하지 않고 그것과 함께 살아가는 방식을 실험해야 한다. 만약 이 과정에서 '치유'가 발생했다면 그것은 이 연극의 부수적 효과일 뿐이다.

증상의 연극이란 자기 자신에 대한 새로운 말하기다. 이 말하기 속에서 학생은 자신을 설명하는 것이 아니라 자신을 다시 발명하게 된다. 학교는 증상을 치료하는 병원이 아니라 증상이 자유롭게 움직이며 서로 연결되는 '(불)가능한 무대'가 되는 것이다.

증상의 연극에서는 모든 대화가 평어체로 이뤄져야 한다는 점도 중요하다. 언어는 그 자체로 이데올로기적이며 권력 관계를 나타낸다. 경어체는 상징적 위계를 재현한다. 증상의 연극에서 평어체는 친근한 분위기를 만들기 위해서가 아니라 상징적 위계를 넘어서기 위한 것이다.

경어체를 사용하지 않을 때 학생은 당장 불편함을 느낀다. 경어체는 관계를 안정시켜 주는데, 이 장치가 사라졌기 때문이다. 그리고 이 때문에 학생은 자신이 어떤 위치에 있는지에 대해 다시 고민하게 된다. 학생과 교사가 함께 평어체를 쓴다는 것은 제도적 역할을 넘어 각자가 언어적 주체가 된다는 의미다.

상징화: 증상을 향유하는 연극

상징화(Symbolization)는 증상을 병리적 신호로 간주하지 않고, 하나의 의미 생산적 행위로 접근하는 교육 연극의 방식이다. 주인공이 자신의 내적 갈등을 극적 장면으로 외화하고 이를 함께 연기하는 과정에서 무의식적 내용이 표면화된다. 자신의 증상을 해석하고 말하는 과정에서 증상은 기존의 억압적 기표—불안, 강박 등에서 벗어나 '새로운 기표', 새로운 언어로 이행하게 된다.

여기서 간과할 수 없는 점은 증상이 온전히 언어로 표현되지 않는다는 사실이다. 증상은 완벽한 해석이 불가능하다. 만약 증상이 간단히 설명된다면 그것은 오히려 증상을 억압했다는 방증이다. 증상을 언어적 질서로 끌어들일 때 증상은 왜곡되고, 다른 상황에서 더 강렬하게 귀환할 수도 있다.

가령 "나는 불안하다"라고 말한다면 이것은 자신의 증상을 이해하고 통제해야 하는 것으로 전제한다는 뜻이다. 증상은 '불안'이라는 단 하나의 기표를 지시하지 않는다. 라캉은 불안을 '기표의 결핍'으로 설명했다. 불안은 어떤 구체적인 기표로 붙잡을 수 없는 상태이며 온전한 해석이 가능하지도 않다는 뜻이다. '나는 불안하다'라는 말은 불안을 하나의 단일한 기표로 환원하면서 증상의 실재를 가리게 된다. 이는 일종의 언어적 검열이며 불안을 삭제하고 치료하려고 하는 사회적 강박이라 할 수 있다.

증상의 연극은 이론적으로 제도화되고 병리적으로 명명된 개념을 지양한다. 학생에게 증상을 '언어화'하고 '해석'하라고 요구할 것이 아니라 그 증상이 의미화될 수 없는 '틈' 자체를 경험하도록 해야 한다. 증상을 규정짓는 우울, 불안과 같은 제도적 기표화를 유예하며, 해석이 불가능한 순간을 견디도록 도와야 하는 것이다.

상징화의 연극은 증상을 한 단어, 하나의 대상에 비유하는 것이 아니라 모순되고 충돌되는 담론으로 나타날 수 있게 해야 한다. 증상을 '완결된 기호'로 표현하는 것이 아니라 기표들이 미끄러지는 불안전한 담론을 지향해야 하는 것이다. 따라서 이 상징화는 증상의 '상징적 동일화'가 아니라 '상징적 탈동일화(de-identification)'를 지향한다. 증상은 고정된 기표로 변환되지 않기에 역설적 담론으로 구성될 수밖에 없는 것이다.

상징화의 연극에서는 교사 또한 연행하는 주체가 된다. 이는 '역할 속 교사'의 방식으로 이 기법은 연극적 맥락 속에서 교사가 특정한 역할을 수행하며 학생과 함께 이야기 속에 존재하는 것을 뜻한다. 가령 교사는 학생을 증상의 연극에 진입시키기 위해 스스로 먼저 연행을 시작할 수 있다—"나는 '망설이는 나침반'이야. 방향을 알려 주는 척하지만 솔직히 말하면, 나도 그 방향이 맞는지는 잘 몰라. 북쪽을 가리키는 척하지만 사실 속으로는 '남쪽으로 가면 안 되나?'라고 혼자 고민할 때도 있어. 가끔은 방향을 가리키다 말고 그냥 멈춰 서 있는 게 제일 나은 선택일지도 모른다고 생각하지."

이 담론에서 교사의 증상은 하나의 의미로 고정되지 않는다. 나침반이 망설인다면 그것은 더 이상 나침반이 아니다. 연행의 공간에서 교사는 '교사이기를 멈추는 교사'가 된다. 자신의 정체성이 모순 속에서 미끄러지는 순간을 수행하며, 교사 스스로 '상징적 권위의 실패'를 드러내는 것이다. 교사가 보여 주는 실패의 수행은 정답이 부재하는 공간을 창출한다. 학생은 자신의 증상을 '말'할 때 성공적으로 표현할 필요가 없다는 것을 느끼게 된다.

상징화 기법은 증상을 없애는 것이 아니라 무대 위에서 향유 가능한 것으로 전환한다. 증상을 치유의 대상이 아니라 향유의 언어로 만드는 것이다.

핫시팅: 타자와 만나는 장소

상징화의 연극은 핫시팅(Hot-Seating)으로 이어진다. 핫시팅은 극 중 인물과 관객의 대화를 의미한다. 배우는 극 중 인물로서 관객의 질문에 응답한다. 교사의 연행 이후 학생은 이렇게 물을 수 있다. "네가 가리키는 방향을 신뢰할 수 없다면 우리는 어디로 가야 하지?" 이 질문은 교사의 연행에도 불구하고 학생은 교사가 특정한 방향을 가리켜야 한다는 가정에 머물러 있음을 나타낸다. 여기서 교사가 여전히 '망설이는 나침반'으로 '머뭇거림'을 수행한다면 학생은 그 질문의 전제 자체를 의심하게 될 것이다. 진리를 말하는 자로서의 '교사'와 진리를 말할 수 없는 자로서의 '어떤 이' 사이에서 충돌을 겪게 되는 것이다. 그리고 바로 이 충돌 속에서 증상의 해석은 더 적극성을 띠게 된다.

교사를 주인공으로 하는 상징화와 핫시팅의 연행이 끝나면 학생을 주인공으로 한 연행이 이어진다. 학생의 연행은 매끄럽지 않다. 말하려 하지만 말이 안 나올 수도 있고, 갑자기 멈출 수도 있으며, 머뭇거림이 지속될 수도 있고 눈물을 애써 참을 수도 있다. 이 또한 실재가 드러나는 중요한 증상으로서, 이 증상에 대해서도 교사 및 모든 참여자가 수용적으로 대해야 함은 물론이다. 학생은 '나는 불안하다', '나는 우울하다'와 같은 병리화된 기표로 자신을 단정 짓지 않음으로써 증상에 내재된 의미에 대한 해석이 이루어진다. 증상의 연극은 의미의 완성이 아니라 의미의 지연이다. 교육 연극은 학생에게 정확한 언어를 주지 않는다. 오히려 학생이 언어의 모순을 경험하고 증상이 해석될 수 없음을 깨닫고도 여전히 그 해석의 과정 속에서 살아갈 수 있도록 돕는다.

우리는 과잉의 시대에 살고 있다. 정보의 과잉, 선택의 과잉, 가능성의 과잉. 그리고 '진정한 나'를 찾아야 한다는 강박의 과잉. 이 과잉으로 증상은 더 폭증하고 심각해질 것이다. AI는 이 증상을 더 격렬하게 유발하고 있다. AI는 묻는다–당신이 인간이라는 근거는 무엇인가. 당신의 감정, 욕망, 정체성은 복제 불가능한 것인가. 개인은 이 질문에 대한 답조차도 AI에게서 구하려 한다. AI는 '너는 이런 사람이야'라는 정체성의 회로로 응답하며 주체를 증상으로부터 격리하고, 향유할 기회를 빼앗는다. AI는 마치 위장된 무의식, 학습된 무의식처럼 기능하는 것이다.

교육 연극은 '진정한 나'를 찾게 해 주지 않는다. 진정한 나란 애초에 환상이기 때문이다. 교육 연극은 이런 환상을 가로질러 '나'에 대한 질문을 타자와의 관계 속에서 형성하게 해 준다. 교육 연극은 타자와 만나는 장소다.

참고문헌

민병욱·심상교(2001). 《교육 연극의 이론과 실제》. 연극과 인간.

최헌진(2003). 《사이코드라마 이론과 실제》. 학지사.

Lacan, J.(1973). *Le Séminaire, Livre XI.* Seuil. 맹정현 외 옮김(2008). 《자크 라캉 세미나 11》. 새물결.

한귀은

경상국립대학교 국어교육과 교수. 부산대학교에서 국어국문학 문학 박사 학위를 받았다. 《모든 순간의 인문학》, 《연행을 통한 문학교육》, 《이토록 영화 같은 당신》 등을 썼고, 논문으로는 "메타극의 공연기호학적 소통 과정", "폭력의 알레고리, 놀이·제의로의 양식화", "미감 회복을 위한 교육 연극: 잔혹미를 중심으로", "21세기 교육 연극의 정체성 모색을 위한 학제간 논의" 등이 있다. 《세계일보》, 《부산일보》, 네이버 등에 인문학 칼럼을 연재했다.